LA ESCUELA Y EL TERRITORIO

"La idea de una escuela sin paredes nos conduce, implícitamente, a considerar el territorio -bien sea el barrio, la ciudad, el pueblo o regiones más extensas- como parte de la propia escuela (...) no se trataría de escolarizar el territorio (...) sino más bien de dejar que el territorio -los asuntos comunes que ocupan a quienes lo habitan- contagien e impregnen los quehaceres de la escuela"
LaFundició

La concepción "bancaria" de la escuela que Freire describe como un espacio estándar cerrado, regido por una estructura jerárquica vertical, donde el niño se convierte en un tipo de recipiente vacío neutro que se tiene que llenar de saberes mientras la docente transmite los conocimientos que el alumnado tiene que asumir, está estrechamente vinculada a una visión de la niñez como una etapa orientada a la mera preparación para la vida adulta, sin valor por sí misma ni espacio para la conciencia crítica, la reflexión, el diálogo o la creatividad.

La escuela tradicional a menudo se ha situado en un "no lugar" separado del contexto que lo rodea, actuando como una franquicia educativa globalizadora desvinculada del entorno inmediato, ajena a las necesidades de la propia realidad, ejerciendo una tarea uniformizadora de pensamiento y valores culturales, centrada en la competencia y en la asunción de la versión más cruda del llamado darwinismo educativo y donde la educación se ha convertido en mecanismo de selección y simple medio de preparación para la vida adulta.

La pedagogía contextual otorga en la escuela, y principalmente en la escuela pública, la misión de dar respuesta a las necesidades de los niños y la sociedad donde está ubicada, y la finalidad de leer, interpretar, actuar y transformar el mosaico social y cultural donde se ubica.

En este sentido, más allá de actuaciones puntuales que puedan desarrollar los centros educativos, se patentiza la necesidad de un cambio estructural que redefina la concepción tradicional del papel de la educación, sitúe al niño como el elemento central y reconozca su carácter único e irrepetible, repiense el rol del profesorado, supere la adultocracia y el patriarcado, facilite la cooperación entre iguales, construya aprendizajes significativos y priorice la estabilidad emocional de los niños.

Es necesario, pues, un cambio de paradigma profundo que dé protagonismo a los procesos comunitarios, reconozca el valor educativo de los conflictos y redefina las maneras de hacer para contribuir a la mejora de la sociedad.

Esta misión adquiere todavía más valor en los contextos de culturas y lenguas minorizadas víctimas de la "violencia simbólica" de los valores culturales dominantes, que pretenden proyectarlos como elementos folklóricos de escaso valor. Es en este sentido que la escuela vinculada al contexto próximo tiene el deber inalienable de asumir el papel de agitadora social y cultural de su territorio, redefiniendo el papel de cultura y el concepto de participación real de los agentes del entorno.

Uno de los grandes valores de este trabajo, además del interesante marco teórico, radica en el variado conjunto de experiencias donde se exponen distintas maneras de hacer y relacionarse con el entorno inmediato que pueden ser adaptadas y transferidas a otros contextos. Ejemplos prácticos reales que tratan aspectos como, por ejemplo, la intervención en el paisaje del territorio, la generación de justicia social, el tránsito por el propio territorio, la creación artística y cultural para fomentar marcos de diálogo comunitario, el fomento de la economía social y solidaria (ESS), la construcción de espacios de gobernanza compartida, el contacto de centros educativos con actores culturales y artísticos, la puesta en valor de culturas indígenas o la vinculación entre vecindario, colectivos, asociaciones e instituciones culturales.

La creación de espacios libres para la infancia contextualizados en el entorno está estrechamente vinculada al papel de la propia escuela como generadora de relaciones e interpela directamente a la cultura del bien común y a la oportunidad de redefinir el papel de la institución escolar como elemento de transformación social que contribuya al desarrollo de todas las dimensiones humanas, celebre la diversidad y acompañe a los niños en el descubrimiento del mundo que los rodea. Una escuela abierta, democrática, respetuosa, diversa, viva y arraigada en el territorio: una escuela sin barreras, una escuela sin paredes.

Joan Elies Andrés i Serer
Director del CRA Terra de Riuraus
Alcalalí i Llíber – la Marina Alta

ÍNDICE

3. PROCESOS

PARA QUÉ
SIRVE ESTE LIBRO

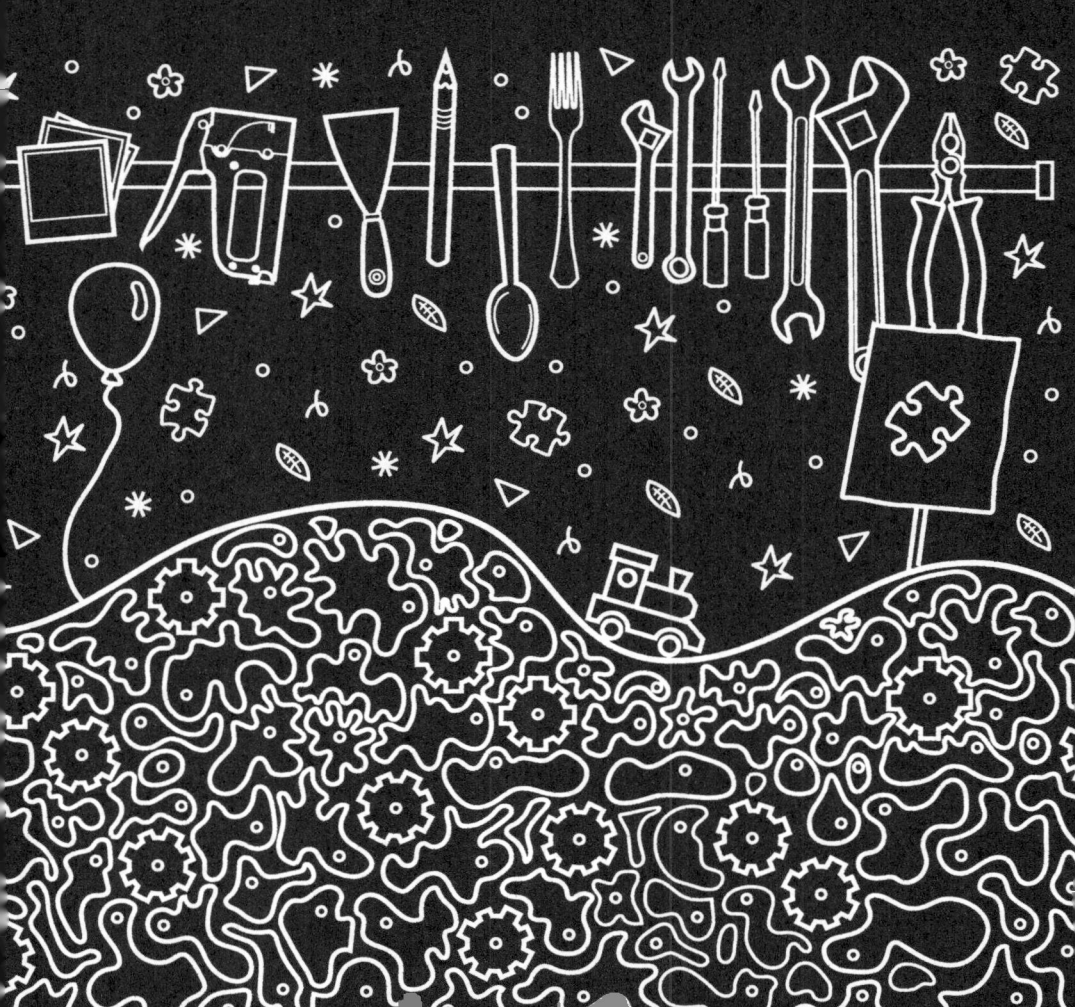

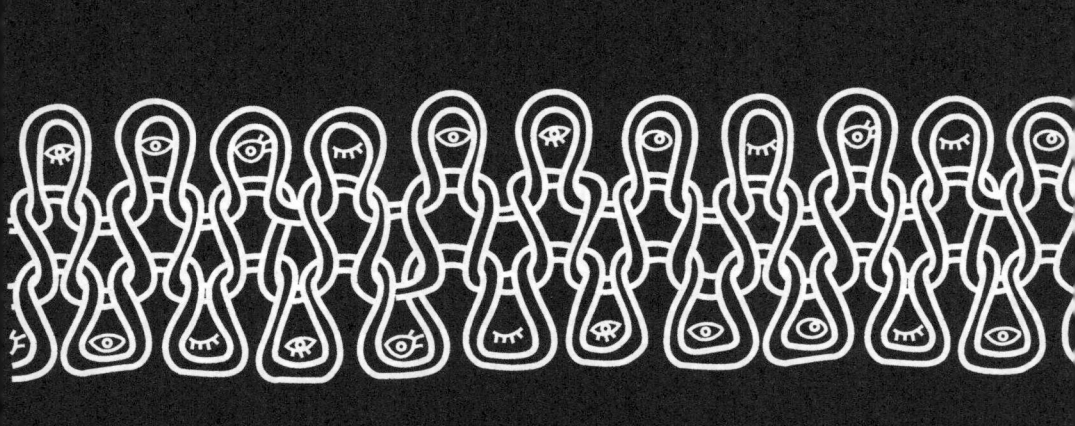

PARA QUÉ SIRVE ESTE LIBRO

¿Qué pretendemos con este libro? ¿Para qué debería servir a quien lo lea? ¿A quién creemos que le puede interesar?

Este libro se dirige, primordialmente, a docentes y equipos directivos de centros educativos. Aunque, en tanto que se centra en las relaciones y la colaboración de las comunidades educativas con otros agentes de su entorno próximo, debería tener sentido que el texto interpelara también, precisamente, a toda la comunidad educativa, incluidas aquellas personas, colectivos y organizaciones del entorno que puedan participar de dichas relaciones y procesos de colaboración.

En cierto modo, el texto quiere servir de guía a quien lo lea. No como un libro de instrucciones ni un recetario, sino a la manera en que se usan los mapas, como un instrumento para reconocer el territorio de las prácticas artísticas y culturales en contextos educativos y en colaboración con comunidades. Al igual que en un mapa, nuestra intención es ofrecer puntos de referencia que permitan situarse en este territorio y recorrerlo libremente. Es por este motivo que, antes de abordar ejemplos prácticos, la primera parte del libro se dedica a reflexionar extensamente sobre cuestiones fundamentales. En el desarrollo de procesos educativos, artísticos y comunitarios se ponen en juego elementos y dinámicas que son estructurales, es decir, que tienen que ver con la manera en que entendemos la función social de la educación, el arte y la cultura.

En ocasiones, centros educativos y equipos docentes con los que colaboramos nos piden proyectos lineales, con instrucciones y pautas claramente secuenciadas, con un inicio y un final. Sin embargo, los procesos y las relaciones sociales son cualquier cosa menos lineales, constantes y progresivos. Veamos por qué: por un lado, la escuela está inevitablemente inserta en una madeja de vínculos y tensiones entre distintos actores sociales, con intereses diversos —a veces contrapuestos— y que operan en diferentes escalas. En este sentido, la escuela es uno más de los agentes que operan en la trama de relaciones que se despliega en un territorio determinado, pertrechado con su propio juego de intereses, objetivos y herramientas. Por otro lado, tenemos que las prácticas artísticas y culturales están también inevitablemente entreveradas en esta misma trama de relaciones. ¿De qué manera? Pues bien, los individuos y los grupos sociales y humanos se identifican con símbolos distintos, sus miembros comparten relatos y representaciones que conforman su interpretación de la realidad y condicionan su comportamiento o, dicho de otro modo, las prácticas culturales de un determinado grupo social determinan el modo en que los miembros de dicho grupo ven el mundo y se sitúan en él. Por lo tanto, en el cruce de las prácticas artísticas y culturales con lo social se encuentran y entran en conflicto actores con trayectorias y fines muy diversos, que en ocasiones pueden ser coincidentes y otras, la mayoría, pueden divergir.

Podemos entender los procesos comunitarios como la colaboración entre agentes sociales diversos para afrontar y modificar una situación determinada que les afecta o incumbe de diferentes maneras. Cada uno de estos agentes pone en juego sus herramientas y habilidades condicionado por su propio punto de partida, su conocimiento y habilidades, y en función de sus propios objetivos, que, por lo general, no serán exactamente iguales a los del resto de agentes implicados en el proceso. Por lo tanto, los procesos comunitarios se despliegan en función de una estructura de relaciones que es dinámica. Su trayectoria evoluciona en el tiempo y se ramifica como resultado de la interacción, el conflicto, la negociación y los acuerdos entre los diferentes agentes que participan. La evolución de los procesos comunitarios se ve afectada, asimismo, por la variación en el tiempo de los intereses que motivan a los distintos agentes que participan, por la medida en que ven satisfechas sus aspiraciones, así como por los aprendizajes que cada uno extrae e incorpora a su propio juego de conocimientos y capacidades durante su desarrollo.

Como se puede imaginar, la estructura de relaciones entre los distintos actores que intervienen en estos procesos no es horizontal.

En su interior encontramos relaciones de poder. Las jerarquías entre los distintos actores que intervienen en los procesos comunitarios se producen históricamente y dependen de factores que trascienden las dinámicas propias de las comunidades. La adscripción de clase, la edad o los marcadores de raza y género condicionan el capital material, cultural y social de cada uno de ellos, y por tanto su capacidad para tomar decisiones, ser escuchados y tenidos en cuenta y, en definitiva, para actuar sobre su propio entorno y sus propias condiciones de vida. Uno de los principales objetivos de cualquier proceso comunitario debería ser, precisamente, el de igualar estas diferencias de poder entre los distintos actores que participan en él y minimizar las relaciones de dominación y subordinación en su interior.

Con todo esto puede entreverse ya que será difícil encontrar fórmulas y procedimientos fijos, que establezcan de antemano una serie de pasos consecutivos, seguidos unos como efecto de los anteriores. Esto no es posible y, en parte, tampoco sería deseable ya que, si entendemos los procesos comunitarios como un entorno —y a su vez como un medio— para el ejercicio real de la participación, en el que los distintos actores implicados puedan tener un papel protagónico e incidir directamente en la toma de decisiones, no cabe establecer unilateralmente el camino que dichos procesos han de recorrer. Por el contrario, parte del proceso debe ser, como apuntábamos, construir colectivamente los medios que permitan trascender las formas de discriminación, segregación y subordinación instituidas.

En este contexto, el arte y la cultura no deberían ser una serie de contenidos a transmitir. Por el contrario, entendemos que el arte y la cultura han de ser prácticas dirigidas a imaginar colectivamente formas más justas, más democráticas y más sostenibles de ser y estar en el mundo. Partiendo de este punto, la acción de enseñar arte no tendría sentido en el interior de los procesos comunitarios. De una manera muy diferente las prácticas artísticas y culturales deberían emerger, entretejidas con ellos, a través de los procesos de organización social y de producción de las condiciones materiales de existencia de las comunidades. En el interior de los procesos comunitarios, las prácticas artísticas y culturales no serían un contenido a transmitir, sino un elemento funcional, que serviría, precisamente, para construir de manera colectiva relaciones más justas entre las personas y entre estas y su medio físico y social. Los centros y comunidades educativas pueden jugar un papel primordial en este escenario, posibilitando, entre muchas otras cosas, que las personas de menor edad sean también copartícipes.

¿CÓMO ESTÁ ORGANIZADO ESTE LIBRO?

Como decíamos, este libro pretende ser un mapa, más que una guía. Queremos ofrecer una representación de los procesos artísticos con comunidades que permita orientarse para que cada cual escoja el camino que más convenga a sus objetivos e intereses.

El libro se divide en tres grandes apartados: *Lugares*, *Procesos* y *Haceres*. Entendemos cada uno de estos conceptos como elementos determinantes en el desarrollo de los procesos comunitarios. Por tanto, analizar estos tres grandes ámbitos puede sernos de utilidad para situarnos, comprender dónde estamos y emprender un camino provistos de las herramientas y la compañía necesarias.

Estas tres categorías pueden resultar útiles para explicar y comprender el funcionamiento de los procesos de creación artística y cultural con comunidades, pero como cualquier otra categorización no deja de ser una simplificación. Los procesos de los que hablamos se caracterizan, precisamente, por la complejidad e interrelación de todas las partes que los componen. De este modo, a lo largo del libro, esta división se irá desdibujando y volviendo a perfilar alternativamente.

Dentro de estos tres apartados encontraremos varios tipos de contenido: ejemplos prácticos concretos, análisis de situaciones, procesos y nociones generales.

↘ Descripción de ejemplos prácticos

Este apartado será el más profuso. Hemos seleccionado un número reducido de casos con el propósito de poder analizarlos en detalle y con la suficiente profundidad para que se puedan observar los mecanismos y dinámicas que entran en juego en el tipo de procesos que intentamos describir. De nuevo, el propósito es que este análisis sirva como referencia para desarrollar ideas adaptadas a las necesidades y características de cada contexto de actuación. Como se verá, los ejemplos analizados más extensamente corresponden a procesos que LaFundició ha desarrollado a lo largo de más de veinte años de experiencia —marcada por el ensayo y el error—. No podríamos analizar con el mismo grado de detalle y profundidad ni el contexto ni los procesos impulsados y desarrollados por otras personas o colectivos. Como decimos, abordaremos los ejemplos prácticos propuestos de una manera muy descriptiva y detallada, haciendo hincapié en aquellos aspectos que nos parecen cruciales para comprender lo esencial de los procesos expuestos. Nos extenderemos particularmente en la descripción y el análisis del contexto en el que se desarrollan los procesos de trabajo. Como diremos repetidamente, los procesos comunitarios son intrínsecamente contextuales, es decir, están estructuralmente condicionados por el entorno en el que se desarrollan y por los distintos actores que los impulsan o afectan en algún sentido. El objetivo es, como apuntábamos, que cada cual pueda formarse una idea de cómo encaminar un proyecto educativo y de creación artística en sus circunstancias.

Estos ejemplos prácticos incluyen la descripción de factores y acciones a tener en cuenta y desarrollar para implementar un proceso comunitario de creación artística y cultural. Los procesos de trabajo descritos no se ofrecen como modelo, sino con el objetivo de desplegarlos, analizarlos y encontrar claves que sirvan como referencia para imaginar e implementar otros procesos similares.

↘ Análisis de factores generales

Intercalados con la descripción de estos ejemplos prácticos, se encontrarán breves análisis de factores que son comunes al tipo de procesos descritos, cuestiones tanto de orden práctico como estético y político. Estos análisis pretenden dirigir la mirada hacia aspectos que nos parecen claves en el desarrollo material del tipo de procesos que describimos.

↘ Encaje de los procesos comunitarios de creación artística y cultural con el currículo educativo

A lo largo del texto podrán encontrarse algunas sugerencias e indicaciones sobre cómo hacer encajar el desarrollo de este tipo de procesos con las demandas del currículo educativo. Confiamos en que cada persona podrá fácilmente relacionar los ejemplos prácticos descritos con su propio contexto y, sobre la base de su experiencia y conocimiento, encontrar el modo de introducir los distintos contenidos curriculares.

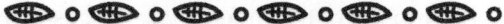

Antes de todo esto, no obstante, incluimos en este libro una extensa introducción que ofrece un marco conceptual, estético y político que encuadra todo su contenido. Nos parece que este apartado es absolutamente imprescindible. Tenemos el convencimiento de que de nada sirve ejecutar procesos como los que aquí se describen si no se toman en consideración las motivaciones últimas y los condicionantes que los moldean y los efectos que de ellos se derivan. Pensamos que este marco puede no ser leído de entrada, que se puede invertir el orden de la lectura del libro y explorar primero los ejemplos prácticos que proponemos y dejar el marco para el final, releyéndolos entonces, tal vez, con una nueva perspectiva.

1

¿QUÉ PAPEL PUEDE JUGAR LA ESCUELA DESDE LA PERSPECTIVA COMUNITARIA?

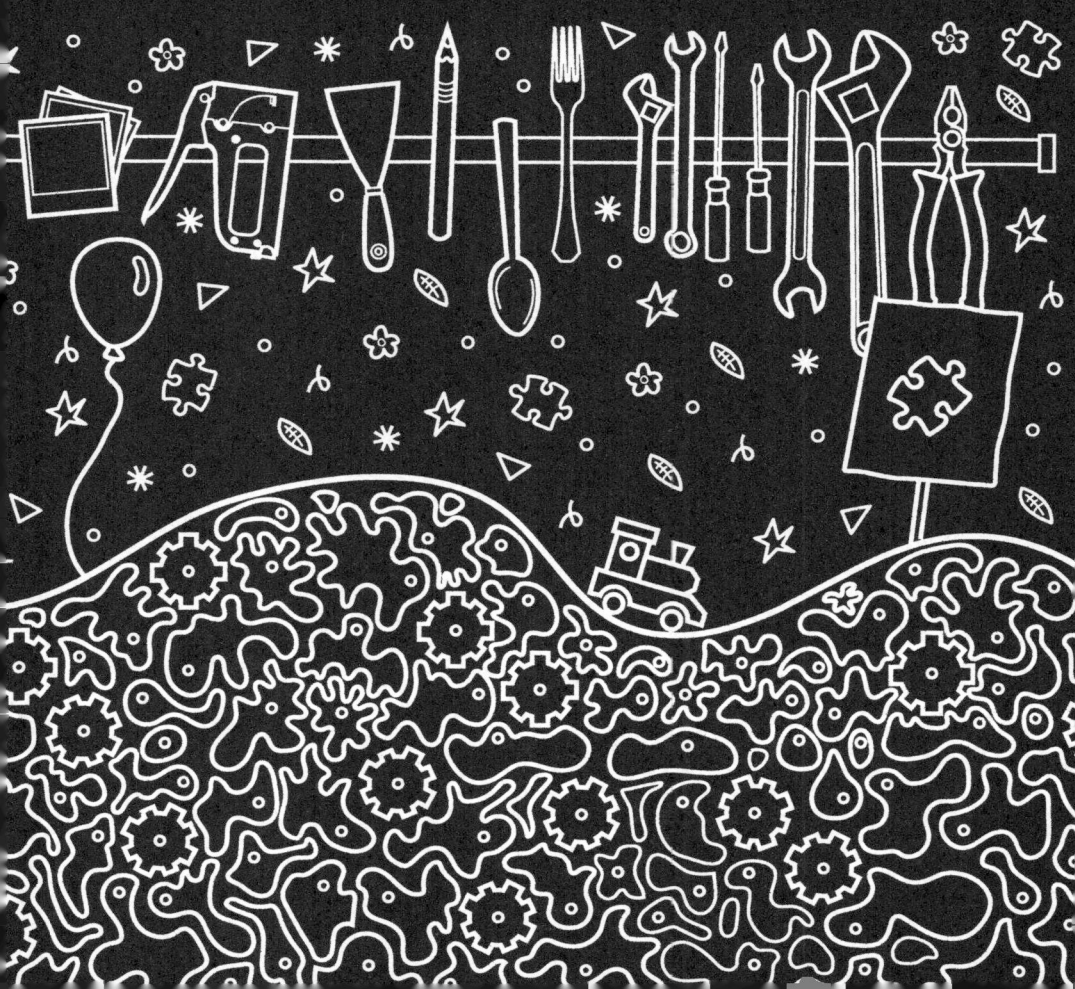

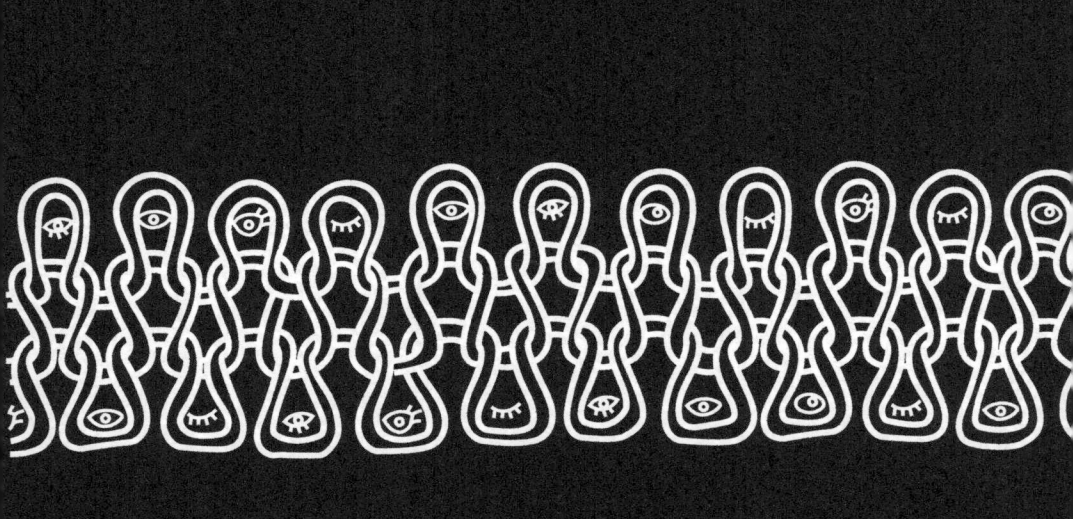

¿QUÉ PAPEL PUEDE JUGAR LA ESCUELA DESDE LA PERSPECTIVA COMUNITARIA?

Como decíamos, los procesos comunitarios no pueden ser un contenido curricular, sino una práctica y un modo de hacer insertados en un lugar y en unos procesos específicos y situados. Igualmente importante es considerar que los procesos comunitarios no son unidireccionales, no son una técnica que se aplica sobre un determinado objeto de intervención, sino que deberían afectar a la propia institución escolar y transformar su propio funcionamiento dentro de las comunidades y de la sociedad en conjunto. Por este motivo nos parece necesario analizar aquí, en primer lugar, cuál es el papel de la educación y sus instituciones en la reproducción social.

PERO, ANTES DE NADA ¿QUÉ ES UNA COMUNIDAD?

Aclaremos brevemente qué entendemos por *comunidad* o *comunitario*. En primer lugar cabe decir que el término comunidad no es unívoco, o que, al menos, su definición está sujeta a una revisión y debate continuos. Por este motivo, quizás lo más útil sea aclarar a qué nos referimos nosotras en este texto cuando utilizamos el término. Partimos de la base de que el lenguaje y las palabras no tienen una función meramente enunciativa, sino que contribuyen también a prefigurar la realidad y las relaciones sociales. Por tanto, cuando decimos *comunidad* no pretendemos tan solo designar un objeto sino, además, producir un efecto en la realidad social. Por encima de cualquier otra consideración, entendemos la comunidad como un grupo de individuos que producen y cuidan algo en común, ya sea algo material o inmaterial. De ningún modo entendemos la comunidad como un grupo de individuos que comparten una misma identidad. Por tanto, la condición comunitaria no vendría dada por lo que se es, sino por lo que se hace (en común). En parte por este mismo motivo, utilizaremos indistintamente los términos *comunidad* y *tramas comunitarias*. Esta última nos sirve, precisamente, para destacar que las comunidades no son objetos estáticos, aislados y cuyos límites pueden ser fácilmente aprehensibles, sino que, al contrario, pueden entenderse mejor como redes de relaciones, conexiones y vínculos dinámicos y cambiantes.

Los individuos y las comunidades participan de las estructuras sociales y, a su vez, se ven afectados por ellas de muy diversas maneras. A la hora de impulsar y comprender un proceso comunitario debemos preguntarnos por la posición social de cada uno de los actores que participan en él, qué instituciones y qué conjunto de normas y reglas condicionan su capacidad de agencia. De este modo nos será más fácil señalar cómo afectan estas estructuras al fortalecimiento o debilitamiento de las comunidades. Del mismo modo debemos prestar atención al papel de los centros educativos respecto a estas mismas estructuras para comprender mejor los procesos que estos pueden impulsar o de los que pueden participar.

UNA GENEALOGÍA DE LA ESCUELA

Para comprender mejor los procesos que pueden impulsar los centros educativos o de los que pueden formar parte, tal vez sea útil retroceder un momento en la genealogía de la escuela y examinar qué otros procesos históricos han dado lugar a la escuela y sus funciones tal y como las conocemos hoy y no de otra manera. No pretendemos imponer una visión única e inamovible de esta genealogía, sino más bien invitar a que cada una haga el ejercicio de repensar la posición que la escuela ocupa y las funciones que se le asignan en un contexto determinado, y cómo se han definido históricamente.

Precisamente, en varios de nuestros propios procesos de trabajo hemos propuesto al alumnado y al profesorado investigar cual es esa genealogía, cuáles son los antecedentes de la escuela y cómo ha llegado a formalizarse como institución. Este tipo de ejercicio tenía como objetivo hacer visibles aquellas estructuras sociales dentro de las cuales la escuela tiene sentido, es reconocida y cumple una función en un momento histórico determinado, así como los procesos que les han dado forma.

Un breve paréntesis sobre las estructuras sociales y su relación con la escuela

Merece la pena detenerse un momento en este punto de las estructuras sociales. Es obvio que las estructuras sociales no son algo tangible ni directamente observable, sino que se expresan en símbolos, instituciones, normas, roles sociales y, particularmente, comportamientos individuales. Tomemos un ejemplo concreto: el patriarcado se efectúa y es vigente en tanto que los sujetos actúen de una manera acorde con los patrones asignados a su género según una escala de valores heteropatriarcal. En el momento en que los individuos dejan de comportarse tal y como se espera de ellos es el propio patriarcado lo que entra en crisis. Por otro lado, no comportarse de tal manera, o hacerlo "deficientemente", será socialmente sancionado mientras los patrones heteropatriarcales sean hegemónicos. Por otro lado, también encontramos mecanismos de producción de deseo como la publicidad, la industria del entretenimiento o la cultura de consumo que influyen en aquello que los sujetos encuentran deseable hacer, en sus comportamientos y aspiraciones. Siguiendo con el ejemplo del patriarcado, su "existencia", por así decirlo, como la del resto de estructuras sociales, tan solo es inferible a través de sus efectos, o sea, a través de aquello que hace hacer a los sujetos, ya sea por la vía del disciplinamiento o por la de la producción de deseo. Podemos decir entonces que las estructuras sociales pasan por el cuerpo, existen en tanto que las encarnamos, que nuestros cuerpos hacen y desean aquello que se espera de ellos en un determinado momento y lugar de acuerdo a determinadas normas y valores. Es importante detenerse en estas consideraciones ya que, cuando hablamos de procesos comunitarios y de arte y cultura, estamos hablando de procesos sociales en los que no hay elementos o actores neutrales, todos cumplen una función en su interior, ya sea para reforzar las estructuras sociales existentes o para transformarlas. Y cuando decimos *elementos* o *actores* no nos referimos exclusivamente a personas u organizaciones, sino también a dispositivos, normas, rituales, espacios construidos o símbolos, entre otras cosas.

Siguiendo con el razonamiento anterior encontramos que, para que los individuos incorporen, o sea, "metan" en su cuerpo, las normas y valores que determinan o condicionan su comportamiento en sociedad, el cuerpo ha de ser disciplinado o se han de disponer los mecanismos que hagan deseables determinados comportamientos. Es necesario crear instituciones y espacios en los que, a través de rituales, sanciones y gratificaciones, los miembros de una sociedad adquieran aquellos hábitos que se consideran necesarios, es decir, instituciones y espacios en los que se hace que los cuerpos hagan unas cosas y no otras, o deseen hacer unas cosas y no otras. Podemos decir que la escuela y otras instituciones educativas similares son uno de esos espacios. En gran medida, uno de los objetivos colaterales de las sociedades es que las normas que dictan qué hábitos han de ser incorporados por los individuos aparezcan ante ellos como algo natural, anterior a la existencia de las propias instituciones y no producidos ni mediados por ellas.

Volviendo a la genealogía de la escuela

Volviendo a uno de los ejercicios que mencionábamos más arriba, lo que proponíamos a los estudiantes era imaginar una sociedad en la que no existieran escuelas. De entrada, esta propuesta ponía sobre la mesa una pregunta esencial: ¿para qué sirve la escuela en nuestro contexto y momento histórico?, ¿cuál es su función social? De estas preguntas se derivaban otras tantas como, por ejemplo, si hoy hubiéramos de crear la escuela desde cero, ¿para qué serviría?, ¿cómo funcionaría? Pero, más allá de estas preguntas, a la inversa, también podemos preguntarnos cómo funcionaría una sociedad en la que no hubiera escuelas. ¿Habría otras instituciones que cumplirían su papel? ¿Cómo serían? Estas preguntas también pueden relacionarse con el estudio de aquellas sociedades, ya desaparecidas o contemporáneas, en las que los procesos de aprendizaje no pasan por la escuela, en las que no existía o no existe tal cosa.

En tanto que institución, la escuela no ha sido, ni es, una cosa neutral ni escindida del resto de la sociedad. Bien al contrario, participa de las estructuras sociales existentes, avala unas posiciones sociales y no otras, participa de unos vínculos sociales u otros, o contribuye a reproducir unos u otros valores culturales. Esto mismo puede aplicarse en una escala comunitaria, más reducida y acotada.

A la hora de iniciar un proceso comunitario desde la escuela, o de sumarse a las tramas comunitarias existentes, un punto de partida posible es el análisis de la relación del centro con su entorno, preguntarnos cuáles son sus vínculos con los distintos agentes que lo habitan, a qué fines responden dichos vínculos y cómo se han construido. Este es un primer paso para pensar si queremos seguir reproduciéndolos o transformarlos, y en qué sentido y con qué finalidad..

La invención de la infancia y sus espacios de «cuarentena»

Desde este enfoque estructural resulta difícil pensar en la escuela sin hablar de categorías como infancia o adolescencia. En *Arqueología de la escuela* (Álvarez-Uria y Varela, 1991) y *El nacimiento de la mujer burguesa* (Varela, 2019) se analiza el modo en que, históricamente, se ha construido la categoría infancia, y cómo ha evolucionado a lo largo del tiempo en función de las necesidades de distintos modelos sociales y marcos políticos y culturales. Julia Varela y Fernando Álvarez-Uría se inscriben en una tradición crítica de la sociología de la educación que vincula la aparición de la institución escolar con la emergencia y desarrollo de las sociedades capitalistas. Según este análisis, la universalización de la educación primaria cumpliría la función de preparar a grandes masas de población para ocupar determinadas posiciones sociales, adquiriendo las habilidades y conocimientos necesarios para el funcionamiento de la producción. Por otra parte, es importante no olvidar que el desarrollo del sistema-mundo capitalista está íntimamente ligado al colonialismo y al patriarcado, es decir, a la apropiación de recursos naturales en las colonias y del trabajo necesario para el sostenimiento y reproducción de la vida realizado por las mujeres.

Aun considerando la educación como un medio que posibilita la movilidad social, la igualdad de oportunidades y la emancipación y que, por tanto, contrarresta las desigualdades sociales inherentes al sistema económico, no podemos obviar, ni olvidar, su función estructural en los procesos históricos anteriormente señalados. La escuela pública, obligatoria y gratuita es instituida en el siglo XX a fin de acabar con el trabajo infantil. No obstante, tal y como explican, entre otros, Varela y Álvarez-Uría, la consolidación de este programa político es el resultado de un largo proceso de ensamblaje de diversos dispositivos entre los que encontramos la identificación de un estatuto de la infancia, la creación de espacios destinados exclusivamente a la educación de los niños y la formación de un cuerpo de especialistas, así como la destrucción de otros modos de educación. De esta manera, la escolarización puede entenderse como una "maquinaria de gobierno de la infancia" que empieza a configurarse en el siglo XVI con la creación de la propia categoría infancia, hasta ese momento inexistente. Se instituyen entonces diferentes programas educativos para diferentes infancias: la delicada infancia de príncipes y nobles y la infancia ruda de los pobres. Estos tipos de infancia requieren a su vez de espacios de reclusión y aislamiento diferenciados. El convento será la institución preferida por las clases altas, mientras que los hijos de las clases populares sufrirán el encierro y un duro disciplinamiento en hospitales, hospicios y otros centros correccionales destinados a moldearlos. La infancia quedó así separada y escindida del mundo adulto, y los espacios educativos comenzaron a funcionar como lugares de "cuarentena" hasta la edad adulta. Evidentemente, los centros educativos en la actualidad no pueden compararse, ni de lejos, con aquellas primeras instituciones educativas, aunque es preciso prestar atención a esa genealogía para entender algunos aspectos de su funcionamiento incluso en la actualidad.

Es importante señalar a este respecto que, en gran medida, uno de los objetivos de los procesos comunitarios impulsados desde instituciones educativas podría ser, precisamente, el de revertir la separación entre la esfera educativa y otras; incentivar, formar y restituir a niñxs y jóvenes su capacidad de participar activamente en los asuntos comunes, empezando por su contexto más próximo y tangible. En esta tarea el papel del arte y la cultura no es accesorio ni decorativo. Bien al contrario, la creación de símbolos y representaciones, y en especial la imaginación de futuros deseables, es uno de los principales asuntos comunes que atender y de los que deberían poder participar también las personas en edad escolar.

¿Para qué sirve la escuela? Una posible respuesta, entre otras

Es importante señalar que las instituciones educativas desplazaron a otras formas de socialización, educación y transmisión de saberes. Formas populares en las que habitualmente los aprendizajes se realizaban entremezclados con la producción y con los trabajos para el sostenimiento de la vida, y en contacto con la realidad cotidiana. Por el contrario, en las "nuevas" instituciones educativas, el maestro es poseedor de un conocimiento alejado de la vida social y política de sus pupilos. Un conocimiento que se establece como dominante frente a los saberes vulgares de sus alumnos y su contexto. Ya a finales del siglo XIX, con un proletariado claramente distinguible como formación social e histórica, los centros educativos tendrán la misión de alejar y proteger a la infancia popular de la degeneración moral atribuida a su propia clase, liberándola de la miseria y la corrupción, inculcando en ella hábitos y valores productivos e instituyendo el modelo burgués de familia como principal vínculo social. Con todo esto se pretende desclasar y desarraigar a la infancia popular, alejándola de su medio y su cultura. Décadas más tarde, en los años 70 del siglo XX, Paul Willis estudió durante tres años la trayectoria de un grupo de jóvenes británicos de clase trabajadora desde sus dos últimos años de escuela hasta sus primeros meses de trabajo en la fábrica. Recogió sus observaciones en el libro *Aprendiendo a trabajar. Cómo los chicos de clase obrera consiguen trabajos de clase obrera* (2017). Una de las conclusiones de su estudio es que la cultura contraescolar de los jóvenes de clase trabajadora llegaba a ser una "autocondena" a las posiciones subordinadas en la escala social. No obstante, y de manera paradójica, esta condena se experimentaba al mismo tiempo "como un verdadero aprendizaje, como afirmación y apropiación e incluso como una forma de resistencia" a la aculturación y normativización en la escuela.

Estas consideraciones pueden parecer alejadas de la realidad cotidiana de los centros educativos, e incluso del objeto que nos ocupa en este libro. Sin embargo, pensamos que es pertinente tenerlas muy en cuenta si lo que se desea es impulsar iniciativas que, precisamente, tengan como objetivo tejer vínculos entre actores sociales diversos en un contexto específico, incluida la propia comunidad educativa. En ese caso, no puede soslayarse el papel sistémico que juegan y han jugado históricamente las instituciones educativas. Además, tal vez sea importante no obviar tampoco, a pesar de la sensación de consenso mayoritario sobre el rol de la escuela en la sociedad actual, que el debate sobre esta cuestión se mantiene constantemente abierto en muchos niveles y ámbitos, e incluso emerge periódicamente en los medios de comunicación.

Los análisis de Paul Willis sobre los jóvenes de clase trabajadora y su relación con la educación formal entroncan con la genealogía de la escuela dibujada por Julia Varela y Fernando Álvarez-Uría, que arranca en los albores de la modernidad ilustrada. Podría decirse que las cosas han cambiado demasiado en un período de tiempo tan extenso como para pensar que las infancias o las instituciones educativas hoy en día tengan algo que ver con nada de aquello. Aun así, es innegable que el sistema educativo sigue teniendo un papel importante en los procesos de estratificación social a través del mérito académico, y en la asignación de posiciones dentro de un sistema social y productivo estructuralmente inequitativo.

Es precisamente a finales de los años 70 y principios de los 80, coincidiendo con la publicación de *Aprendiendo a trabajar*, que se inicia la revolución neoliberal y su ataque al estado del bienestar. Las privatizaciones, la desregulación económica, la liberalización financiera o la globalización que, en muchos países, han acompañado al desmantelamiento del estado de bienestar —incluidos los sistemas educativos— se han impuesto con grandes dosis de violencia. No obstante, el uso de la violencia tiene límites, de modo que también se hizo necesario producir una subjetividad que aceptase de buena gana el nuevo estado de cosas. "No hay tal cosa como la sociedad. Hay individuos, hombres y mujeres, y hay familias", afirmó Margaret Thatcher. Según esta visión de la realidad, tampoco existirían lo común ni lo colectivo, sino que cada cual, dejado a su suerte, ha de hacerse responsable de su bienestar en función de sus *capacidades* y *méritos*. Siguiendo este razonamiento, por descontado, tampoco existe nada como las tramas comunitarias o las clases sociales, sino que cada cual por su cuenta y riesgo ha de ser un empresario de sí mismo, poseedor de un capital humano que ha de rentabilizar.

Esta mentalidad *emprendedora* se ha infiltrado por todas partes, también en las políticas y las instituciones educativas, de maneras muy diversas y no siempre explícitas. El currículo o las metodologías han incorporado características propias del emprendimiento como la innovación, la creatividad o la adaptabilidad. Las competencias emprendedoras devienen así alguno de los nuevos hábitos productivos a incorporar por parte del alumnado. Lo que a menudo se escatima en todo esto es su problematización, o sea, el debate sobre el encaje y la función del emprendimiento en las sociedades contemporáneas, y de qué manera afecta a las vidas de las personas de manera diferenciada en función de su condición de clase, raza, género u origen.

En una dirección contraria al egoísmo y el individualismo que caracterizan a esta subjetividad *empresarializada,* que niega vínculos de interdependencia entre las personas y de estas con la naturaleza, ¿podría orientarse la acción de las instituciones educativas a la socialización en una cultura del "hacerse cargo del otro"? (Comins Mingol, 2003) El reconocimiento de dichos vínculos ha de implicar el cuidado de la vida como una actividad recíproca fundamentada en una ética del apoyo mutuo y la cooperación, tanto en el ejercicio de los derechos como en el cumplimiento de las obligaciones. ¿Pueden las instituciones educativas tener un rol clave en la promoción de esta cultura? ¿Pueden ser los procesos artísticos y comunitarios una forma de ponerla en práctica?

La acumulación de recursos requiere de la eliminación de todas aquellas actividades que discurren por fuera del mercado —entre ellas, especialmente, el trabajo de cuidados, apoyo mutuo y sostenimiento de la vida que realizan las tramas comunitarias de manera cotidiana y pegada a los territorios—. Como hemos dicho, el éxito de esta empresa destructiva depende en algún grado de la hegemonización de una serie de valores, hábitos, formas de ser y estar en el mundo cuya socialización y reproducción se asigna también, en parte, a la escuela. Un papel al que la escuela puede ofrecer resistencia. En última instancia esta es una cuestión que se aloja en el corazón de debates tan vastos como el de la función social de la escuela, pero también en otros más concretos como el de la educación en valores cívicos y éticos.

De nuevo puede parecer que estas cuestiones están muy alejadas de la realidad cotidiana de las escuelas y su entorno, de las aulas, de las comunidades, de los pueblos y barrios. Sin embargo, esa misma realidad cotidiana está profundamente condicionada por elementos estructurales e históricos que, como venimos diciendo, no se pueden obviar si queremos afectarla de alguna forma. El ánimo de contribuir a la mejora de la sociedad y la vida en común está en la vocación y en la práctica diaria de muchas personas docentes, así como en su manera de entender el papel y la potencia de la educación, el arte y la cultura. También es cierto que el día a día de los centros educativos resulta desmotivador en muchas ocasiones por causas muy diversas. En otra escala, mucho más grande, todas vivimos ya inmersas en una crisis ecosocial planetaria que tampoco invita al optimismo. A pesar de todo esto, el meollo de este libro, lo que en última instancia planteamos en él —y por lo que nos parece que merece la pena hacer el esfuerzo de escribirlo— es que los procesos artísticos y comunitarios pueden ser una forma de poner en práctica la utopía. Dicho de otro modo, que podemos resistirnos colectivamente a abandonar el pensamiento utópico, ya que la utopía puede ser un suceso cotidiano, algo que puede acontecer en cualquier momento y en cualquier lugar, también en las aulas.

¿QUÉ PAPEL PUEDEN JUGAR EL ARTE Y LAS PRÁCTICAS CULTURALES EN LOS PROCESOS COMUNITARIOS?

Entre otras cosas, el arte y la cultura son un instrumento para producir y transmitir valores y formas de comprender el mundo asumidos como válidos por una determinada colectividad —puede ser un pueblo, un barrio, un grupo social o humano, una nación, etc.—. Esta es una idea sobre la que volveremos recurrentemente. Oímos decir con frecuencia que la cultura contribuye a formar individuos libres y con conciencia crítica. Esto no es exactamente siempre así ya que, a lo largo de la historia podemos encontrar múltiples ejemplos de manifestaciones artísticas y culturales que producen y transmiten una serie de valores y formas de comprender el mundo que no son en absoluto críticas ni facilitan el ejercicio de la libertad (individual o colectiva). Por descontado, también encontramos toda otra corriente artística y cultural que se apoya en la creatividad y la conciencia crítica para imaginar respuestas alternativas, o formular nuevas preguntas que nos ayuden a remover el estado de cosas y abrir nuevos caminos como sociedad.

Esquematizando mucho, las sociedades occidentales han atribuido la capacidad de vislumbrar y recorrer nuevos caminos e imaginar formas de vida y de organización social y política a un grupo reducido de individuos que forman la *vanguardia*. En el campo del arte y la cultura esto también ha sido así —no en vano los distintos movimientos artísticos del siglo XX se conocen como *vanguardias artísticas*—. Es importante señalar que esta noción de *vanguardia* se fundamenta, en muchos casos, en la figura del artista individual y carismático y su construcción.

Contrariamente, a lo largo de la historia y en diversas partes del mundo, la capacidad de imaginar nuevas formas de representar y simbolizar, de imaginar futuros mundos y futuros alternativos, o nuevas formas de organización social, no ha recaído sobre figuras individuales, sino que ha sido una tarea colectiva y anónima.

De hecho, incluso a día de hoy, los procesos sociales mediante los que se producen nuevas formas de organización y simbolización son más complejos que la idea lineal de una minoría que, desde la vanguardia, abre el camino a las demás personas. Los valores culturales dominantes son continuamente impugnados por una multitud de individuos y colectivos a través de sus prácticas cotidianas. A su vez, estos sujetos indiferenciados hacen emerger nuevos valores alternativos también desde la cotidianeidad.

Actualmente la cultura dominante impone valores como el individualismo, la meritocracia o la competitividad. Estos valores se traducen, en la práctica, en la desarticulación de las tramas comunitarias o la desaparición de las relaciones de apoyo mutuo en pueblos y barrios. La escuela no es ajena a esta desconexión. Por otro lado, cada vez más podemos apreciar elementos o características del mercado en el funcionamiento del sistema educativo. Cada vez es mayor el número de familias que establecen su relación con la escuela como si fueran clientes de un proveedor más de servicios entre otros. Aunque esta relación comercial solo esté en la mente de las personas, tiene efectos tangibles en la realidad social, entre ellos la destrucción de los vínculos comunitarios de la escuela con su entorno. Las prácticas artísticas comunitarias pueden servir para desmontar estos imaginarios y, a su vez, fortalecer los lazos de la escuela con su contexto.

A raíz de todo lo anterior, proponemos una serie de preguntas que retoman reflexiones y que pueden abrir debates útiles a la hora de iniciar un proceso artístico con comunidades:

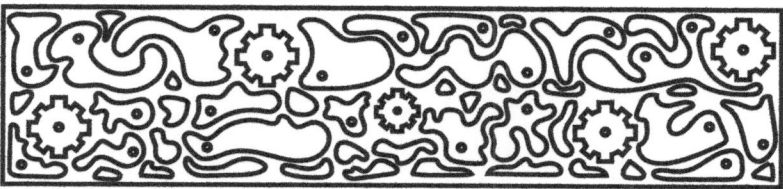

◊ ¿En qué medida contribuye la escuela a reproducir determinadas formas de opresión y exclusión?

◊ ¿De qué manera puede contribuir a contrarrestarlas?

◊ ¿Es posible imaginar colaboraciones público-comunitarias en las que la escuela participe, y mediante las cuales se sume a las tramas comunitarias de su entorno para cuidar los bienes comunes y sostener la vida?

◊ ¿Qué otras formas de construcción de conocimiento y transmisión de saberes se dan en el territorio fuera de la escuela?

◊ ¿Qué función cumplen dichos saberes al interior de las comunidades? ¿Cómo se relacionan con el conocimiento escolar, de qué manera interactúan?

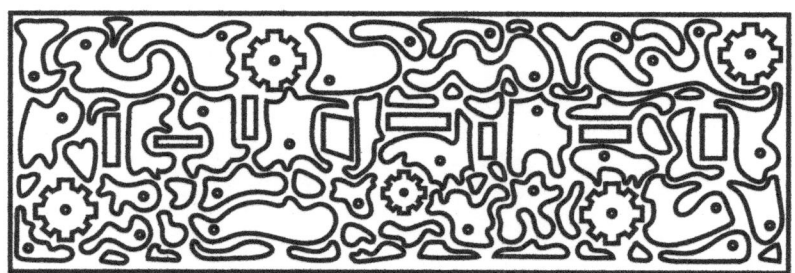

2
LUGARES

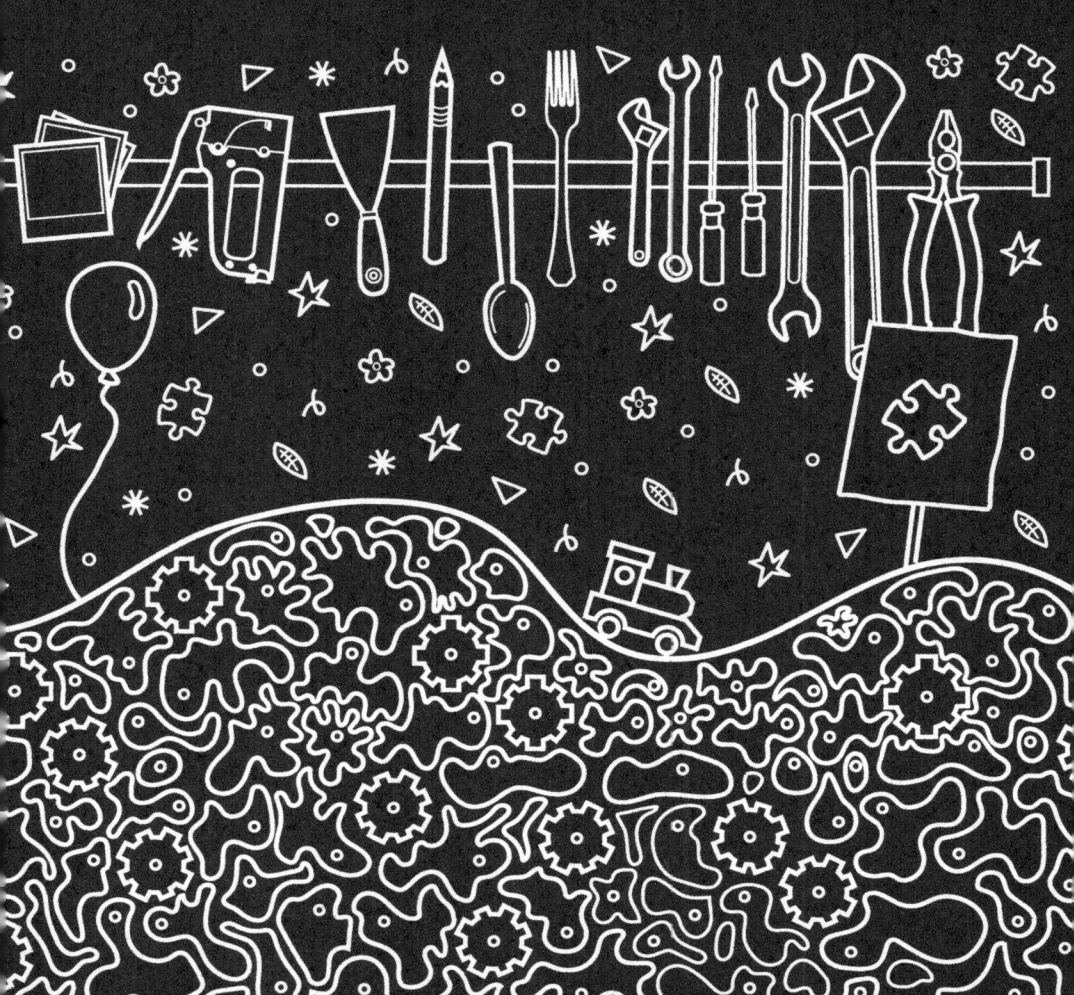

LUGARES

Los procesos sociales, también los procesos de creación colectiva en los que participan comunidades educativas como de los que aquí hablamos, no se dan en el vacío. Se trata precisamente de procesos *situados*, es decir, procesos que no pueden separarse de su contexto y que se desarrollan en función de las condiciones específicas de los lugares y territorios en los que se dan. En gran medida, es precisamente por este motivo que dichos procesos no pueden ser replicados exactamente igual en otro contexto, aunque los aprendizajes y experiencias que se den en un lugar pueden ser útiles para impulsar un nuevo proceso en otro.

Los lugares o territorios en los que se desarrollan estos procesos no deben entenderse como un escenario neutral, como una especie de telón de fondo, sino como un factor que condiciona activamente las relaciones entre los distintos actores que intervienen, así como las acciones que cada uno de ellos emprende. Por otro lado, de manera recíproca, los lugares y territorios se ven afectados y son modificados por las acciones que emprenden los distintos actores que los habitan en el marco de una determinada estructura de relaciones.

Así pues, los lugares y territorios no son una abstracción, una suerte de espacio euclidiano y, como decíamos, neutral. De otro modo, se trata de espacios socialmente construidos, producto de la interacción entre múltiples actores a lo largo del tiempo. Por ejemplo, responsables políticos y técnicos o agentes económicos como grandes inversores tienen una gran capacidad de transformar los lugares y territorios. Pero también quienes los habitan, y precisamente por el hecho de habitarlos tienen la capacidad de transformarlos, apropiándose de ellos y reconfigurándolos a través de prácticas cotidianas que también pueden ser creativas y subversivas[1].

....
1. *La producción del espacio*, obra del filósofo Henri Lefebvre, es una de las referencias más útiles para reflexionar sobre la producción social del espacio, el derecho a la ciudad y las prácticas cotidianas de resistencia y apropiación del medio construido.

A este respecto juega un papel esencial la cultura —tal y como la describiremos más abajo, entendida como *modos de hacer*—. Las manifestaciones culturales median nuestra relación con el entorno. Por un lado, en tanto que establecen códigos y pautas de comportamiento, y por el otro, en tanto que producen imaginarios respecto a cómo son los lugares que habitamos y, lo que es incluso más importante, cómo podrían llegar a ser.

Todas estas consideraciones guardan una estrecha relación con la educación y sus espacios. Originalmente, el aula se piensa como un lugar estandarizado y abstracto, producto de una concepción racionalista y euclidiana del propio espacio, en el que los procesos de aprendizaje se realizan separados del contexto social del alumnado, del territorio que habitan los sujetos que intervienen en ellos. Más aún, el aula se instaura entonces como un espacio exclusivamente educativo y, a la vez, como el único espacio educativo. De esta manera se torna impensable que ninguna otra clase de procesos pueda suceder en el aula, ni que los procesos educativos puedan darse en ninguna otra clase de espacios fuera del aula. Por descontado, este proyecto pedagógico y espacial es una abstracción, una visión que se queda en el mundo de las ideas, ya que, como cualquier persona con experiencia en la docencia sabe, en las aulas suceden muchas otras cosas y relaciones que no son estrictamente educativas. Hace tiempo que la educación viene incorporando a su práctica la idea de que el aula no es realmente un lugar estanco. Por un lado, tomando en consideración los factores psicosociales y el entorno que afectan al alumnado. Por otro, incorporando a la actividad del aula a personas de otros ámbitos sociales y profesionales, o saliendo de las aulas para realizar actividades en otros espacios. Es evidente que la concepción del aula y del aprendizaje en relación a su entorno ha cambiado. Muchas escuelas han incorporado en sus planes de estudio y proyectos de centro la vinculación con el entorno a través del aprendizaje contextualizado, mediante el trabajo por proyectos orientados a la comunidad o participando en iniciativas de ciudad educadora, por poner algunos ejemplos. No obstante, el aula no deja de ser heredera de una determinada tradición y su propia materialidad no deja de condicionar los modos de aprendizaje, e induce a reproducir ciertos rituales propios de la cultura escolar que juegan a la contra de otro tipo de procesos educativos vinculados al territorio y a las tramas comunitarias que en él se despliegan.

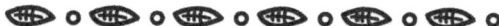

Pensemos, por ejemplo, en una cesta y examinémosla desde una perspectiva situada. En lugar de limitarnos a aprender a hacer una cesta, tomada como un objeto estético, mejor o peor realizado, podemos investigar qué relación tiene ese objeto con el territorio en el que lo estamos haciendo. Por ejemplo, podemos preguntarnos:

◊　¿Existe en el territorio una historia de prácticas relacionadas con el uso de las fibras vegetales y la cestería, vinculadas quizás a actividades agrícolas o a un pasado rural?

◊　¿Hay o ha habido en el territorio grupos sociales o humanos para los que la cestería tenga o haya tenido un valor especialmente significativo?

◊　¿Qué relación con los ecosistemas del lugar tienen o podrían tener las fibras vegetales empleadas en su elaboración?

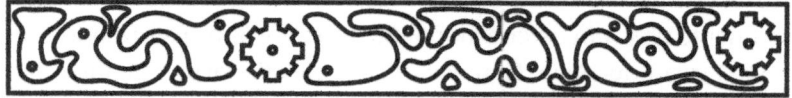

Son preguntas que vinculan el objeto 'cesta' y la práctica de la cestería con el territorio en el que los ponemos en juego, y que abren por un lado la posibilidad de desarrollar un proceso educativo, de construcción de conocimiento y aprendizaje, y por el otro la posibilidad de vincular la acción de hacer cestas con colectivos, personas, organizaciones y ecosistemas presentes en dicho territorio.

~~~~~

EJEMPLO PRÁCTICO I
Llocs - Escuela Prat de la Manta

↘ Dónde:
Barrio de Santa Eulalia, L'Hospitalet de Llobregat

↘ Quién:
* Comunidad educativa Escuela Prat de la Manta
* LaFundició

↘ Qué:
En el año 2000, la Escuela Prat de la Manta de L'Hospitalet de Llobregat organizó unas jornadas tituladas "El barrio es escuela" a las que nos invitó a participar, junto con otras entidades de la ciudad. Buena parte de la comunidad educativa de la escuela participó en la organización y preparación de estas jornadas en las que se mostraron diversos proyectos desarrollados por el alumnado en colaboración con varias entidades del barrio de Santa Eulàlia, en el que se ubica el centro.

Habíamos entrado en contacto con el Prat de la Manta un par de años antes. En aquel momento varias de las integrantes de LaFundició trabajábamos desarrollando un programa educativo en arte contemporáneo ofrecido por el centro de arte TPK de L'Hospitalet a los centros de educación primaria de la ciudad. El programa partía de un planteamiento educativo al uso con el que se quería "acercar el arte contemporáneo a las escuelas". Paulatinamente nos fuimos cuestionando la potencia transformadora de esta tarea educativa. Comenzamos a cuestionarnos también que las prácticas artísticas a las que accedían lxs niñxs que pasaban por los talleres del programa fueran significativas para ellxs, y a preguntarnos y a pensar de qué modo el arte podía llegar a ser un auténtico medio para producir sentido.

La participación en las jornadas "El barrio es escuela" representó un punto de inflexión en este proceso autocrítico y dio pie a iniciar una colaboración regular y a largo plazo con la escuela Prat de la Manta, que se concretó en el proceso llamado "Llocs" ("Lugares").

"Llocs" se desarrolló como un proceso educativo y de creación artística dirigido a explorar la relación de la escuela con el territorio, así como las posibilidades de intervenir en el espacio público del barrio por parte de su alumnado. Nos preguntábamos en qué medida su entorno respondía a sus necesidades y deseos, de qué manera podían lxs niñxs intervenir en la *construcción de ciudad*, es decir, no solo a través de la arquitectura y el urbanismo, sino también en términos de su identidad, cultura, comunidad y calidad de vida para todas las personas, incluida la propia infancia.

El proceso arrancaba con la propuesta de explorar el territorio con una cierta predisposición al *extrañamiento*, a mirar la ciudad y los lugares que la componen desde puntos de vista inusuales. A partir de esa exploración y ese extrañamiento se proponía desarrollar una investigación plástica con el objetivo de intervenir materialmente en el espacio construido. Concretamente proponíamos diseñar y construir una especie de artefacto a medio camino entre la escultura, la arquitectura y el mobiliario urbano que modificase el aspecto y los usos de uno de los lugares del barrio explorados. Aunque el proceso estuvo siempre marcado por la interacción entre todos los participantes, gran parte se desarrollaba individualmente hasta un punto en el que, mediante el diálogo y la deliberación, se llegaba a propuestas y decisiones colectivas.

⟋⟋ Un plan perfecto

Ya en su momento, como ahora examinado en retrospectiva, nos parecía que el proceso de trabajo desarrollado en "Llocs" había sido planificado de manera excesivamente rígida. Cada fase de trabajo estaba pautada y preveía una serie de resultados que por fuerza debían servir de inicio a la siguiente. Podría decirse que esta excesiva planificación cerró nuestro ángulo de visión impidiéndonos detectar y aprovechar aquellos acontecimientos que no habían sido previstos, tanto en el propio proceso de aprendizaje y creación plástica como en el entorno social de la escuela. Sorprendentemente para nosotras, el equipo docente del centro tenía una visión muy distinta: tras finalizar la primera fase de trabajo desarrollada durante el segundo semestre del curso 2000-2001, Manel Ballart, director del centro, valoraba que el proceso había servido para "darse cuenta de otras maneras de hacer y trabajar con los alumnos en propuestas creativas que nosotros pautamos mucho —tanto el tiempo como los objetivos—. Y que quizás, a veces, también puede ir bien un cierto punto de riesgo". Esta disparidad de percepciones ilustra un punto que irá emergiendo a lo largo de este libro en diferentes ocasiones: la tensión entre la necesidad de los centros educativos de ajustarse a una planificación y la demanda de los procesos comunitarios de prestar atención a lo que sucede *por fuera* de estos, y de incorporar lo imprevisto de manera flexible.

La solución a esta contradicción no es sencilla ni única. Dependerá siempre de las circunstancias y las características del propio centro, del territorio y de la comunidad que se articule en torno a los procesos de creación colectiva que articulen. En lo que respecta al propio centro, un factor determinante es si el proceso está impulsado y avalado por un equipo directivo comprometido o es iniciativa de un docente o grupo de docentes. Será mucho más difícil que un proyecto enraíce y crezca en el tejido social de un territorio si dentro del centro educativo cuenta únicamente con el impulso y el compromiso de uno o unos pocos docentes que si, además, la dirección lo promueve y apoya, ya que sus atribuciones y recursos para dialogar, negociar y establecer colaboraciones con actores externos son mucho mayores. También sucede lo contrario, que una dirección motivada para vincular al centro con su entorno a través de procesos creativos y educativos no encuentre complicidades y apoyos en su equipo docente. En última instancia, estas son condiciones dadas y parecería que hay poco margen de actuación. No obstante, tanto a corto como a largo plazo, cada cual, desde su posición, puede ir construyendo la confianza y las alianzas con su equipo o sus compañeras que le permitan ir avanzando hacia el horizonte deseado. En este sentido, un gran potencial del arte es su carácter híbrido. Muchas prácticas artísticas contemporáneas entremezclan la investigación estética con el ámbito social, científico, técnico o filosófico. Esta condición híbrida de las prácticas artísticas resulta útil para resolver en parte el problema que se nos plantea. Por un lado, permite implicar tanto a docentes de diferentes áreas como a personas y colectivos externos a la escuela que trabajan en áreas diversas. Por el otro, pone simultáneamente en juego numerosas competencias de manera que puede ser útil en múltiples procesos de aprendizaje. En la práctica, esto puede facilitar que un mismo proceso de creación artística con las comunidades pueda ser impulsado y desarrollado por varios docentes que pueden coordinarse para flexibilizar y sumar sus horarios al proyecto.

⟋𝒪 La oportunidad la pintan calva

Aunque la cotidianeidad pueda parecer monótona, repetitiva e incluso insignificante, lo cierto es que en el día a día ocurren multitud de pequeños sucesos que, agregados, marcan el devenir individual y colectivo de las personas. Esta profusión de pequeñas historias e incidentes se entreteje con otras narrativas mayores, como las de los planes urbanísticos, las políticas sociales o hasta las de la economía global. En una medida u otra, la vida de las comunidades y su desarrollo dependen de oportunidades que aparecen inesperadamente, en ocasiones por un breve plazo de tiempo.

Aunque de forma distinta y con otra escala, tanto los procesos creativos como los educativos tampoco son lineales. En ambos casos se trata de procesos dinámicos y complejos durante los que se producen numerosas interacciones en distintas dimensiones y en los que concurren multitud de factores contextuales que afectan a su progreso y resultados. Con esto no queremos venir a decir que se deba renunciar a la planificación y a fijar objetivos a corto, medio ni largo plazo —ni, incluso, a fijar horizontes utópicos—. Lo que sí nos parece virtuoso es colocar en el horizonte aquellos objetivos que queremos alcanzar y disponer los medios pertinentes para alcanzarlos al mismo tiempo que permanecemos

43

receptivas a los eventos que surgen en nuestro camino, abiertas a la posibilidad de modificar nuestros planes o de que estos sean afectados tanto por el contexto como por las personas y colectivos con los que colaboramos.

La oportunidad y sus condiciones obligan en muchos casos a tomar decisiones rápidamente, a valorar en poco tiempo cuánto esfuerzo requerirá aprovecharla y qué se pierde si se deja escapar, es decir, a hacer balance de los costes de una y otra opción. Además, las oportunidades pueden aparecer por múltiples causas cuyo orígen es difícil de rastrear y replicar, por lo que una vez se ha cerrado la ventana de oportunidad resulta muy complicado reproducir las condiciones que la abrieron.

Una administración pública lanza una nueva línea de subvenciones que podría financiar parte de nuestro proyecto: ¿hay en la comunidad personas o entidades que tengan el conocimiento y el tiempo necesario para aplicar a la subvención?, ¿cuánto trabajo requerirá presentar el proyecto, hacer el seguimiento de su ejecución y justificar la subvención?, ¿cómo afectaría al proyecto disponer o no de esta financiación? Por medio de una familia de la escuela nos enteramos de que una empresa del entorno va a deshacerse de una gran cantidad de materiales que podrían servir para nuestro proyecto: ¿disponemos del tiempo y los recursos necesarios para recoger, transportar y almacenar los materiales?, ¿cómo afecta a la formalización de nuestro proceso de creación disponer o no de estos materiales? Llega a nuestros oídos que una entidad del barrio o el pueblo va a organizar unas jornadas con una temática que tiene relación con el proceso de trabajo que estamos desarrollando: ¿qué posibilidades hay de sumarse a la iniciativa y colaborar?, ¿qué esfuerzo requeriría?, ¿en qué medida enriquecerá nuestro proceso?, ¿qué esfuerzos requerirá encajar la participación de la comunidad educativa, y especialmente del alumnado, en esta actividad? Los ejemplos podrían ser incontables. Este tipo de situaciones acostumbra a ser estresante para los centros educativos y sus equipos ya que su gestión requiere de una planificación detallada, y los equipos directivos no gozan de total autonomía y han de ajustarse al currículo, al calendario académico, etc., con lo que cualquier imprevisto es percibido casi siempre como una fuente de problemas. Dentro de los propios equipos directivos y docentes habrá personas más o menos flexibles, que den más o menos importancia al estricto cumplimiento de los planes de estudio o que valoren más o menos positivamente el provecho que el alumnado pueda extraer de la experiencia de participar en un proceso comunitario. Una de las ventajas de participar en una red de colaboración fuerte es que estos costes pueden ser distribuidos en función de las energías y capacidades de los distintos actores que la componen. Ahondaremos en este punto en el apartado "Tramas y urdimbres".

𝓑 Investigando extraños lugares cotidianos. 2000-2001

"Llocs" se inició con la participación del alumnado de ciclo superior. En la primera sesión de trabajo, tras las presentaciones y la introducción pertinentes, se pidió a cada alumno y alumna que señalara un lugar del barrio relevante para él o ella. Propusimos que los motivos para escoger uno u otro lugar tuvieran relación con algún acontecimiento o experiencia personal, de carácter biográfico, y no con sucesos históricos o por su valor arquitectónico, etc.

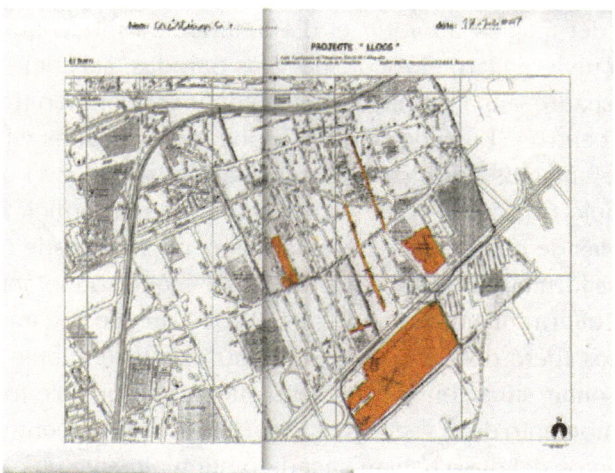

Fig. 1. Lugares marcados por un alumno sobre el plano del barrio.

Salvo algunas excepciones, los parques, zonas de juego y pistas deportivas fueron los lugares mayoritariamente señalados. Todos ellos se marcaron sobre un plano del barrio (fig. 1). Uniendo los puntos se trazaron diversas rutas que partían de la escuela y que habían de servir de guía para visitar en grupo cada uno de los lugares durante la siguiente sesión de trabajo.

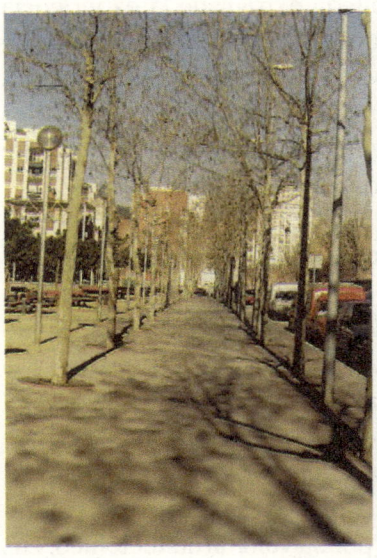
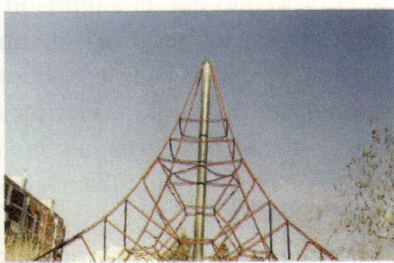
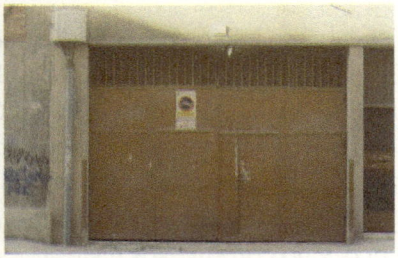

Antes de iniciar la ruta se repartió a cada alumno y alumna una copia del mapa elaborado el día anterior de modo que todo el grupo tuviera claro el recorrido y las paradas, así como un visor de encuadre —una simple cartulina con un rectángulo troquelado en su centro—. En cada uno de los lugares indicados en el mapa nos deteníamos para tomar fotografías (figs. 2, 3 y 4) o realizar un dibujo (fig. 5). El visor resultaba útil para introducir nociones como las de encuadre o fuera de plano, no solo desde una perspectiva formal, sino también conceptual —¿qué connotaciones tiene encuadrar unas cosas y no otras?, ¿qué sucede con aquello que dejamos fuera de la imagen?—. Por otra parte, el dibujo permitía representar situaciones o escenas que no era posible fotografiar en el momento de la visita ya que sucedían regularmente en otros momentos del día o habían sucedido puntualmente en el pasado.

En la tercera sesión de trabajo, de nuevo en el aula, proponíamos a los niños y niñas analizar los lugares visitados y representar su análisis mediante dibujos que integrasen también palabras y cifras. Cada alumno o alumna trabajaba sobre el lugar que había señalado el primer día de trabajo y sobre la base de lo observado y de sus propios conocimientos y recuerdos del lugar. Específicamente, la propuesta consistía en analizar el lugar seleccionado con los medios propios de las distintas materias que estudiaban en la escuela (figs. 6 y 7). Así, desde la perspectiva de la materia de música podían fijarse en los sonidos que se escuchaban en el lugar; en un enfoque que partiera del conocimiento del medio podían fijarse en las relaciones sociales y naturales que se daban en el lugar; o, con una mirada matemática, podían encontrar en los lugares visitados patrones, repeticiones o formas geométricas, por ejemplo.

Fig.5.

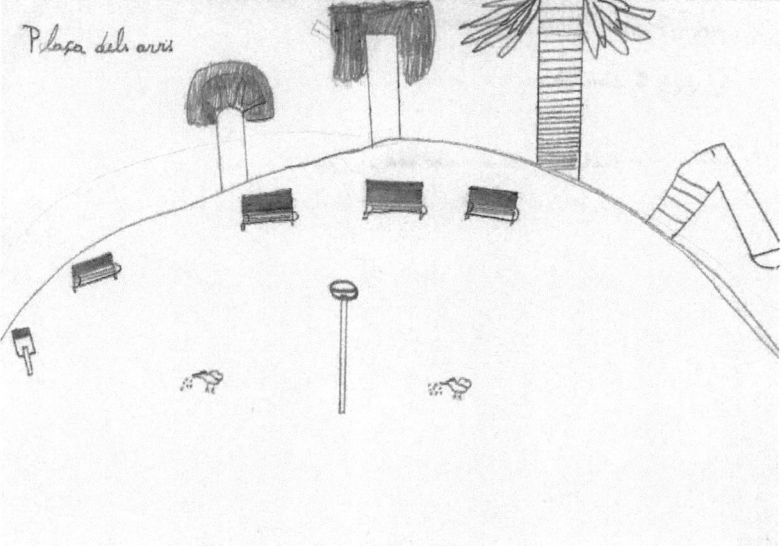

La propuesta para la siguiente sesión era "refinar", por así decirlo, el trabajo realizado en la sesión anterior. De nuevo individualmente se trabajó a partir de los elementos aislados el día anterior para combinarlos en un poema visual. Es decir, un poema que integrase imágenes y palabras para crear significado mediante la libre asociación de ideas a partir de metáforas y otras figuras retóricas. Previamente se mostraron algunas referencias, como obras de Joan Brossa o artistas surrealistas que combinan objetos y palabras dispares en forma de *collage* o *assemblage*. De este modo se creaban imágenes poéticas y abiertas a la interpretación como las de una gota saltando a la comba, una luz con alas o una balanza para pesar preguntas (figs. 8, 9 y 10).

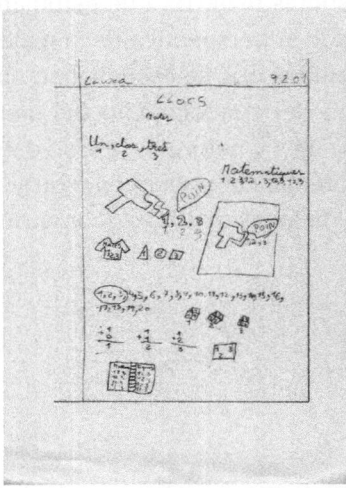 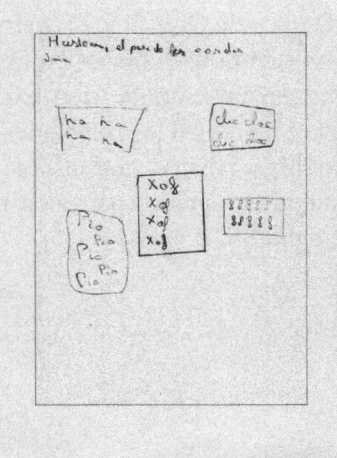

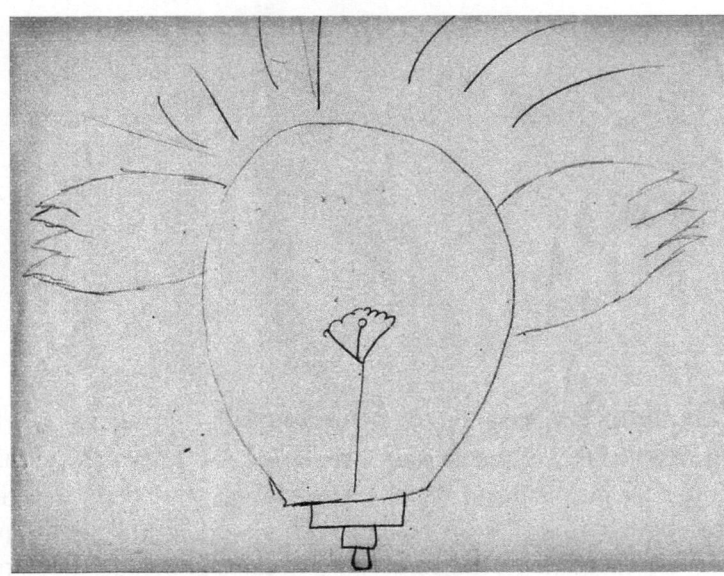

Al inicio y durante todo el proceso se compartió con los grupos la idea de intervenir en el espacio público del barrio mediante algún tipo de elemento físico y de que todo el proceso previo estaba dirigido a ese fin. La propuesta concreta que se planteó al alumnado consistía en tomar como punto de partida un prisma cuadrangular de tamaño indefinido sobre el que se pudiera montar cualquier cosa imaginable y que pudiera ser ubicado en alguno de los lugares del barrio que se habían explorado previamente. Llamamos *plataforma* a esta suerte de plinto o peana. Este cuerpo geométrico abstracto, gracias a su carencia de particularidades o atributos, se prestaba a ser modificado, intervenido y reinterpretado radicalmente.

Figs. 9 y 10.

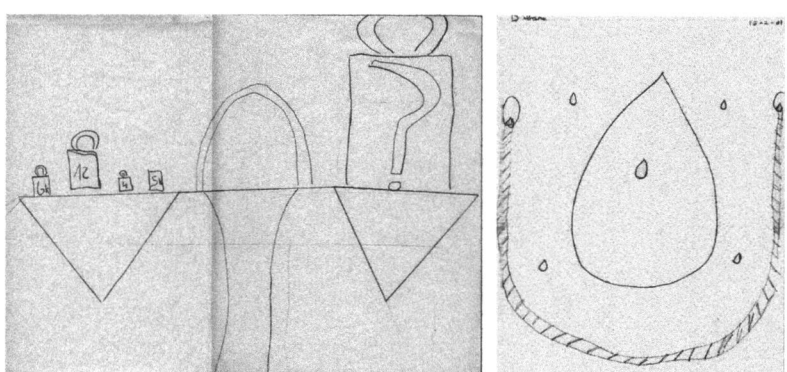

Para trabajar en el diseño de este elemento arquitectónico-escultórico y, opcionalmente, funcional, se proporcionó al alumnado una plantilla sobre la que proyectar sus ideas (figs. 11 y 12). La propuesta, concretamente, era la de trasladar o, mejor dicho, traducir a un lenguaje tridimensional las poesías visuales que habían creado en las sesiones anteriores.

Por ejemplo, en la figura 11 vemos como la imagen poética de las gotas saltando a la comba de la figura 10 se ha traducido a las tres dimensiones en la forma de un tobogán por el que pueden deslizarse las gotas de agua para acabar formando una superficie de agua sobre la *plataforma*. En la figura 12 vemos el diseño de una plataforma que sirve para crecer como un árbol. Sobre la propia base se ha colocado un plato de lentejas y un vaso de leche —alimentos imprescindibles para el crecimiento—. En uno de los laterales hay adosada una escalera sobre cuyo último peldaño encontramos una alegórica hoja de árbol.

Muchas *plataformas* combinaban elementos visuales y metafóricos con otros de carácter funcional en alguna medida, mientras que otras eran enteramente utilitarias. He aquí una lista con algunos títulos que hemos podido conservar de los cerca de 70 originales:

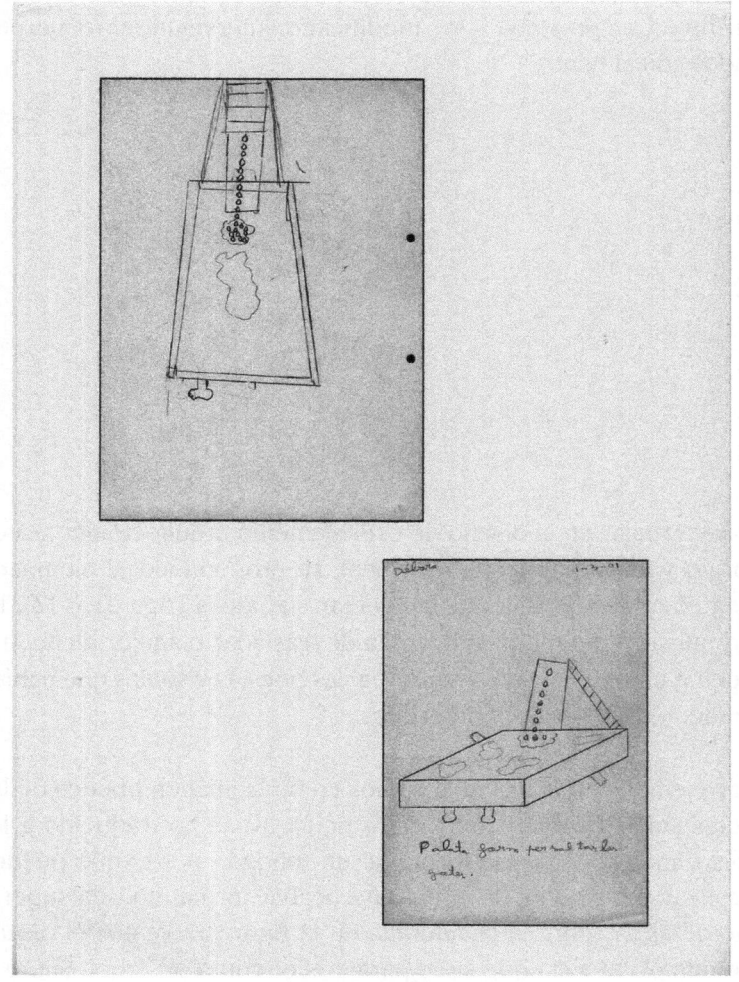

Fig. II.

Fig. 12.

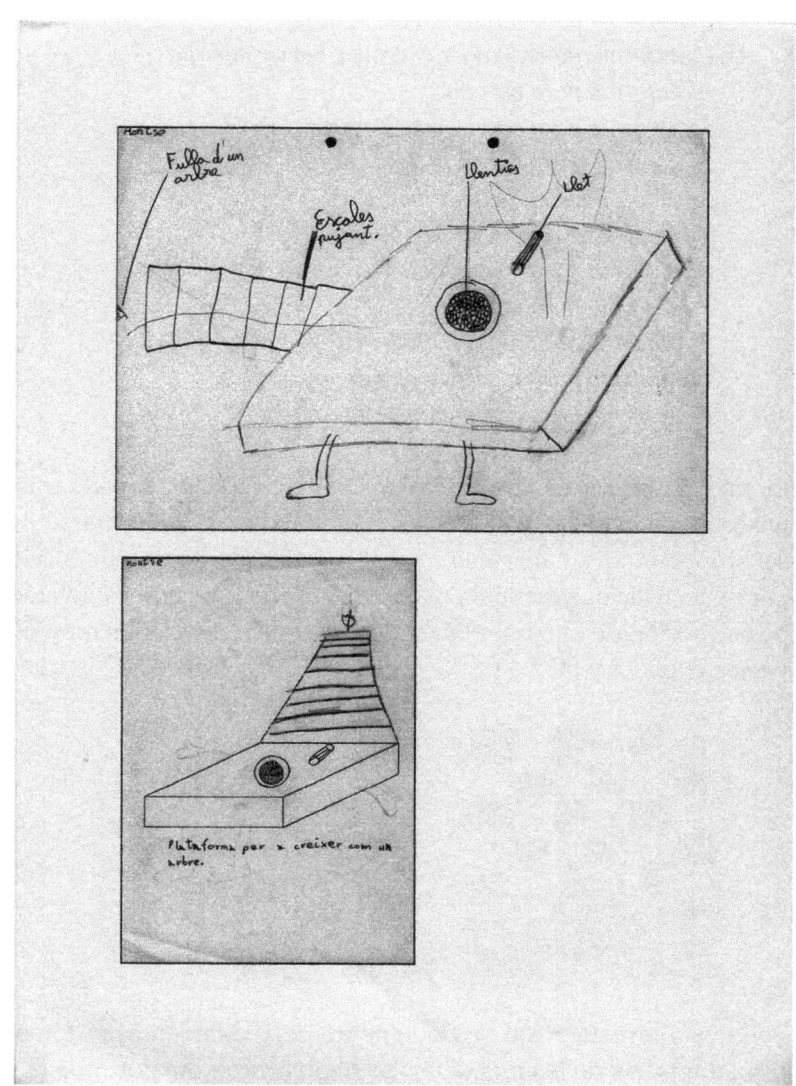

Plataforma para deslizarse
Plataforma para aprender a subir escaleras
Plataforma para dar de comer a los pájaros
Plataforma para refugiar a los pobres
Plataforma para recoger energía y enviar energía
Plataforma para escalar
Plataforma para caerse y no hacerse daño
Plataforma para guardar dinero
Plataforma para recoger monedas
Plataforma para cobrar la nómina
Plataforma para crucigramas
Plataforma para columpiarse
Plataforma para jugar a ajedrez
Plataforma para tocar las campanas
Plataforma para gritar cuando marquen gol

En un segundo momento del proceso de diseño el alumnado traspasó el diseño de las *plataformas* a las tres dimensiones. Para ello se proporcionó a cada alumnx una pastilla de barro que sirvió para construir una maqueta de su plataforma mediante la adición o sustracción de barro y utilizando materiales reciclados muy diversos (figs. 13 y 14).

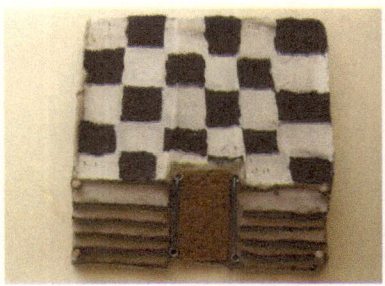 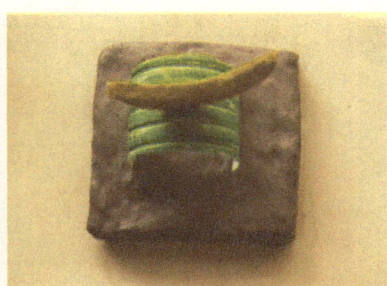

Figs. 13 y 14.

Toda esta investigación se documentó detalladamente. Se tomaron fotografías de las maquetas, se digitalizaron dibujos, poemas visuales, fotografías analógicas, se archivaron y transcribieron textos, etc. Esta labor de documentación y archivo es muy importante y no siempre es posible prestarle la atención necesaria, en gran parte porque el trabajo en el aula es ya suficientemente exigente como para añadir una tarea adicional que requiere, además, especial cuidado. Con alumnado de ciclo superior y de educación secundaria es más fácil compartir algunas de estas tareas y estimular una dinámica de corresponsabilidad.

El archivo del proceso puede tener una presencia física en el aula: un ambiente o rincón del aula dedicado a recoger los materiales producidos y archivados, o simplemente un mueble accesible en el que almacenar carpetas, bandejas o archivadores. Como cualquier otro material del aula, la visibilidad de estos materiales y documentos ayuda a mantener la continuidad y la implicación en el proceso de investigación, creación y aprendizaje.

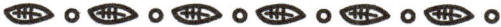

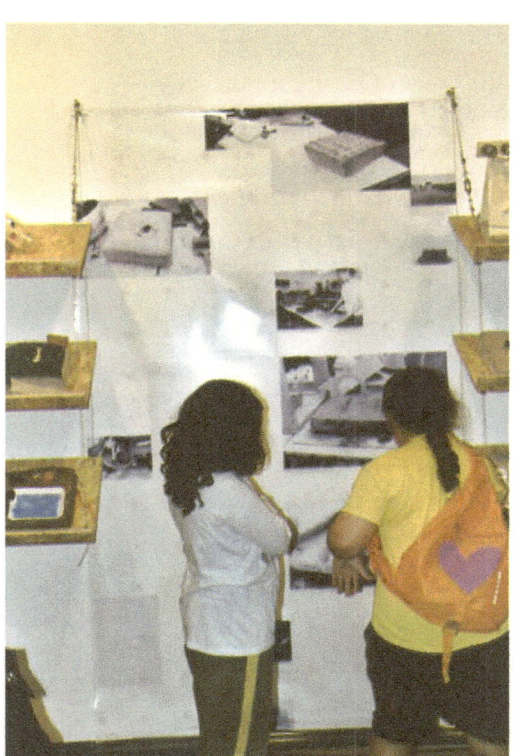

Fig. 15. Exposición "Llocs" en el Centre Cultural Santa Eulàlia, 2001.

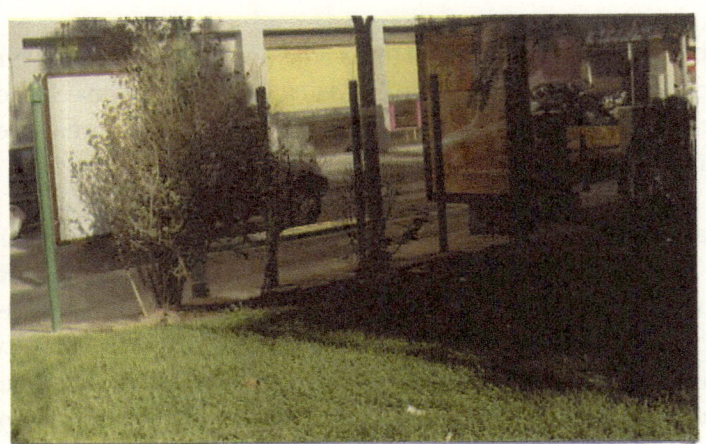

g escollir la parada d'autobús per que un dia, a la
ada d'autobús, vaig ensopegar per això l'he escollit.
autobús cada dia veig el conductor, el canvi de
ocitat, les cadires de plàstic dur, els vidres, les
aules de "en cas de emergència trenca el vidre amb el
rtell". El meu germà, l'Andrés, no parava de riure de
i el conductor el va haver de cridar l'atenció una mica i
quan el va renyar vaig riurà. I el Manel també va riure
lt, la mare també per que al meu germà li van renyar.

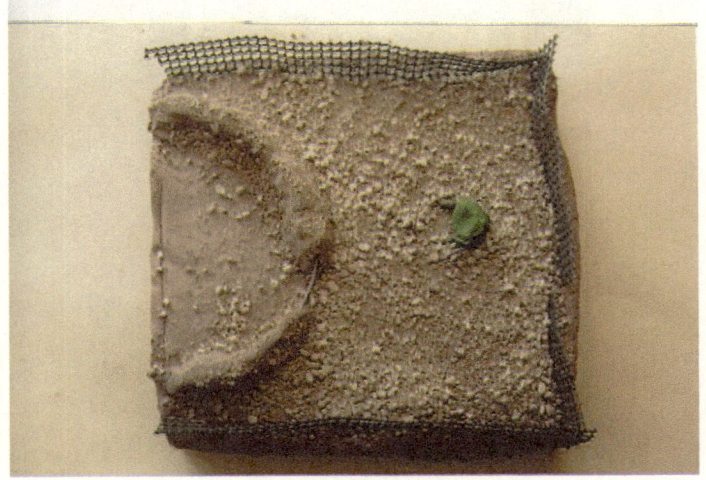

Esta primera fase de trabajo concluyó con una exposición en el Centro Cultural de Santa Eulàlia, el barrio en el que se encuentra la escuela Prat de la Manta, en la que se compartió con las familias y el vecindario todo el proceso de trabajo y las maquetas resultantes. En las semanas previas a la inauguración de la exposición elaboramos una serie de carteles (figs. 16 y 17), uno por cada alumno y alumna, en los que se incluía el texto escrito al inicio del proceso sobre el lugar seleccionado para investigar, una de las fotografías del mismo lugar tomadas por el alumnado y una fotografía de la plataforma resultante. Los carteles fueron distribuidos por el propio alumnado en diferentes puntos del

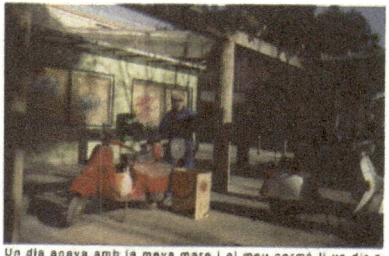

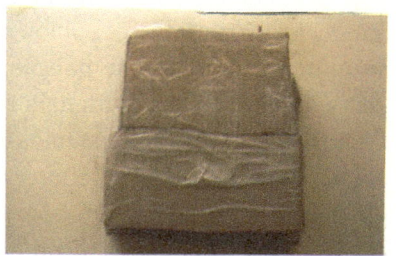

Figs. 16 y 17. Carteles distribuidos en el barrio de Santa Eulàlia.

barrio y no incluían ningún tipo de título, logotipo o cualquier otro indicio de su procedencia ni propósito. El objetivo era provocar el extrañamiento y la curiosidad mediante un mensaje anónimo y sin un contexto de interpretación claro, que tan solo más tarde podría despejarse visitando la exposición en el centro cultural.

Una forma de permear las paredes de la escuela podría ser precisamente esta, la de intervenir en el *paisaje semiótico* del territorio. Una práctica habitual en el ámbito escolar es la pintura mural pero, más allá del muralismo o el grafiti, en nuestro entorno encontramos infinidad de signos, textos e imágenes en múltiples formatos: vallas publicitarias, carteles, señales, pancartas, banderolas, pantallas, *flyers*, etc. que podemos intervenir, desviar, resignificar, parodiar, comentar, etc. Podemos lanzar mensajes claros y directos o, por el contrario, poéticos, ambiguos e interpretables. La potencia de este tipo de gestos o intervenciones es la de introducir en la esfera pública *adultocéntrica* una voz que no suele tener presencia. De hecho, encontramos muchas veces un ejercicio de ventriloquia por el que niñxs y adolescentes dicen aquello que las personas adultas piensan que deberían decir. La infancia, la adolescencia y lxs jóvenes tienen una forma propia y distinta de percibir y enunciar el mundo, aunque esté influida desde muy temprano por la cultura y la sociedad. Prestar atención, escuchar activamente y trasladar esa voz diferente a la esfera pública es un gesto estético y político de gran trascendencia.

Si incluimos internet y las redes sociales como parte de ese *paisaje semiótico* estaremos ampliando enormemente el campo de juego. La creación y recepción de imágenes y relatos es una parte muy importante de ese paisaje, particularmente para adolescentes y jóvenes, y tiene además relaciones e impactos en su experiencia del entorno. Pensemos por ejemplo en los imaginarios y las narrativas que han generado jóvenes y adolescentes a través de la música urbana y en cómo representan su entorno próximo en vídeos, portadas, etc. Prácticas creativas, visuales y textuales como los memes pueden servir perfectamente como un medio de expresión de las ideas y experiencias del alumnado.

⟋ð Plataforma para que todas las vidas sean felizmente fantásticas. 2001-2003

La valoración del proyecto que hizo el equipo directivo y docente de la escuela al final del curso 2000-2001, terminada la primera fase de investigación del proyecto, fue muy positiva y, tras la buena recepción de la exposición en el centro cultural del barrio, se nos planteaba el reto de cómo continuar. De alguna manera, el proceso de trabajo había tenido para nosotras un componente especulativo. Nos parecía valioso de por sí. Sin embargo, el deseo de construir e instalar en el barrio la *plataforma* estaba ya en el aire.

En muchas ocasiones lo más costoso de un proceso colectivo de creación artística no es el apartado material. No era este el caso de "Llocs", ya que el coste de esta plataforma podía llegar a ser alto, tal y como la imaginábamos. Nos parecía que lo más difícil de conseguir podrían ser las gestiones necesarias para instalar en la vía pública un elemento de tales características, ya que dependía en última instancia de voluntades políticas. Más aún, de un área municipal no muy "receptiva" a las propuestas ciudadanas como la de urbanismo. Las posibilidades de fracasar en este punto y defraudar las expectativas colocadas en el proyecto por quienes participaban en él eran bastante altas. Esto puede ocurrir en cualquier proceso, más aún si posibilitamos que este siga un curso abierto cuyo resultado final sea, en alguna medida, imprevisible. No consideramos que fijarse objetivos ambiciosos sea intrínsecamente negativo, a pesar de que esto aumente el riesgo de "fracasar". El fracaso se percibe en ocasiones como algo que genera frustración y conduce a la inacción. De otro modo, podemos entender que el fracaso es una parte integral de los procesos de aprendizaje —y de la vida en general—. Pensamos que los momentos de dificultad deben compartirse de manera actualizada, transparente y haciendo copartícipes de las vicisitudes del proyecto a todos los actores implicados, incluido el alumnado, de manera que dispongan de elementos de juicio para medir proporcionalmente sus expectativas.

⟋⟍ Relaciones con las Administraciones públicas y su papel

Estamos entrando aquí en un terreno muy específico y ligado a la práctica. Las relaciones entre los centros educativos y las Administraciones públicas, particularmente las locales, entran dentro de lo habitual. Aun así, en los procesos comunitarios impulsados por la escuela estas relaciones pueden llegar a ser más estrechas. La Administración pública no deja de ser también un actor más en la trama de relaciones sociales que se dan en un territorio y, en muchas ocasiones, un colaborador necesario. Las circunstancias son muy variadas en cada caso específico, pero podemos afirmar que habitualmente las Administraciones públicas tienden a querer liderar las iniciativas cívicas, no solo apoyarlas o colaborar con ellas. Este impulso responde a una concepción muy extendida que comprende la política como una acción ejercida de *arriba abajo*, según la cual la Administración ha de actuar como garante de los derechos de la ciudadanía frente a intereses particulares de unos individuos o colectivos frente a otros. Por el contrario, los procesos comunitarios, también los que nos ocupan aquí y que integran prácticas y manifestaciones culturales colectivas, han de entenderse como un ejercicio político de *abajo arriba* en los que los derechos se garantizan de manera colectiva y democrática. Hablamos principalmente de los derechos culturales, pero también del derecho a la ciudad, del derecho a participar de la vida social o del derecho a expresar las propias opiniones e ideas, entre otros. Derechos que también deberían estar garantizados para la juventud y la infancia, dicho sea de paso.

En ocasiones, el origen del desencuentro o el conflicto no es siquiera el objeto o la temática del proyecto, sino *quiénes* lo impulsan. La política local está atravesada por múltiples tensiones, afinidades y alianzas ideológicas e incluso personales que también forman parte de los procesos y de la vida en común. Es necesario y capital matizar que estamos hablando de la política como el gobierno y la gestión de los asuntos comunes; la política así entendida no es una práctica desideologizada, pero sí algo distinto y más general que el partidismo o la *representación* política.

Si abrazamos la idea de que la escuela y la educación son parte de la sociedad y de la vida, tendremos que asumir necesariamente que tampoco son cosas aisladas de la política. Por eso resulta paradójico que, en muchas ocasiones, la escuela y la educación se perciban como una institución y una acción despolitizadas y neutrales, tal y como decíamos en la introducción de este libro. Este es el ideal que, cínicamente, se demanda desde posiciones políticas reaccionarias cuando exigen sacar de las aulas determinadas materias que consideran ideológicas y, por tanto, inadecuadas. El cinismo estriba en que esta demanda de neutralidad no tiene otro fin que imponer su propia agenda política e ideología, invisibilizándolas al hacerlas pasar por *lo normal*. En la vida, en el arte y en la educación existe un amplio abanico de posiciones políticas, pero ninguna de ellas es inocua. En la práctica, esta imagen de la escuela como una institución desideologizada, que únicamente aplica un conocimiento técnico-pedagógico y neutral puede ser una ventaja estratégica ya que, de entrada, cuenta con la escucha y la potencial complicidad de actores con posiciones sociales e ideológicas muy dispares, incluida la Administración pública.

Lo cierto es que esta imagen tecnificada y desideologizada de la escuela no siempre ha sido interiorizada por los centros educativos a lo largo de la historia. Al contrario, y sin irnos muy atrás en el tiempo, muchos de los movimientos de renovación pedagógica de los años 70 y 80 en el Estado español, apoyándose en distintas tendencias de la pedagogía crítica, abogaron por una práctica educativa comprometida con las condiciones sociales y políticas de su entorno. Una experiencia paradigmática de este compromiso es la del movimiento Escoles en Lluita (Escuelas en Lucha), que tuvo su auge a mediados de los años 70 en los barrios populares y de clase trabajadora de la periferia de Barcelona, fruto de la confluencia de movimientos sociales como el vecinal y el de los propios enseñantes en la defensa y mejora de la educación pública. Este, como otros, no fue un movimiento únicamente de reacción, sino que también propuso modelos educativos alternativos a los existentes en aquel momento.

Volviendo al caso específico de "Llocs", podemos decir que, en verdad, es un caso de buen entendimiento entre la comunidad educativa, la Administración local y otras entidades que, como nosotras, colaboraron en red con la escuela. Tal vez algunas de las claves de este entendimiento fueron la buena relación del TPK con el gobierno municipal, la implicación del director del centro cultural del barrio tras el éxito de la exposición del proceso de trabajo en el equipamiento y, en general, las buenas relaciones de la escuela con la *regidoria* del distrito. Tal vez influyó el gran número de familias participantes y el hecho de que la propuesta abordara los usos y la construcción del espacio público de una forma propositiva. En este sentido, cada centro podrá valorar cuál es su "capital social" y el de sus aliadas, es decir cómo es la relación de cada una de ellas con la Administración y con otros actores sociales.

⚲ Colaborar, reorganizar la escuela

El segundo año del proceso se planteó como un trabajo colectivo entre todo el alumnado que había participado para, a partir de la experiencia y el trabajo individual previos, llegar a sintetizar una propuesta única de *plataforma*.

Tomamos la decisión de dividir al alumnado participante no según su edad y grupo-clase, sino por intereses. Se propuso formar tres grupos de trabajo integrados indistintamente por alumnos y alumnas de 5.º y 6.º curso:

Grupo conceptual
Este grupo era el encargado de definir el "programa" de la construcción, es decir, la lista de funciones y necesidades que debía satisfacer y guiar su diseño formal.

Grupo formal
Este grupo era el encargado de proponer soluciones formales y técnicas que dieran respuesta al programa definido por el grupo conceptual.

Grupo Comunicativo
Este grupo era de suma importancia. Su función era no solo hacer de puente entre los dos grupos anteriores, sino comunicar a la comunidad educativa en su conjunto los avances del proceso de trabajo.

Nos encontramos a menudo con la idea de que los procesos de aprendizaje, ya sean en tareas individuales o colectivas, deben ser iguales para todo el mundo. El argumento para sostener esta postura es que se debe garantizar a todas las personas tener las mismas oportunidades de aprendizaje. Este argumento es incontestable, pero la manera de garantizar las mismas oportunidades de aprendizaje para todas las personas tal vez no pasa necesariamente por que todas ellas hagan siempre lo mismo simultáneamente. ¿No permite la duración de las etapas educativas en su conjunto distribuir las oportunidades de aprendizaje de otro modo más ajustado a los intereses y motivaciones de cada persona en cada momento de su desarrollo?

Por otro lado, reagrupar a alumnado de dos cursos diferentes y de distintos grupos-clase supuso un reto para la escuela ya que obligaba a reorganizar parte del horario de otras materias distintas a la de educación artística en la que se enmarcaba la propuesta. No solo eso, esta nueva distribución requería que parte del alumnado se desplazara de una a otra aula en las horas dedicadas al proyecto, lo que, se temía, podía generar algún tipo de desorden. A pesar de las dudas, el equipo del centro consideró que debía probar estas soluciones, valorar sus resultados y corregirlos en el caso de que no funcionasen. Todas estas decisiones fueron posibles gracias a un equipo directivo y docente cohesionado y comprometido con el proyecto, una condición fundamental para el desarrollo de procesos de trabajo complejos y que modifican el funcionamiento habitual de los centros educativos. Como decíamos más arriba, cuando estas condiciones estructurales no se dan, no se nos ocurre más alternativa que trabajar para que lleguen a darse, construyendo relaciones de confianza y complicidad y aprovechando las afinidades dentro de los equipos. También es cierto que estas condiciones no siempre se encuentran dada la inestabilidad de los equipos docentes.

Proceso de trabajo

↘ Grupo Conceptual

El objetivo del proceso, como hemos apuntado anteriormente, era sintetizar en una única propuesta conceptual la gran variedad de *plataformas* producidas individualmente en el curso anterior. Es decir, proponíamos que la *plataforma* final no fuera una mera acumulación de metáforas y funciones, sino una auténtica síntesis de aquellos elementos conceptuales que compartían todas las *plataformas* propuestas. Como puede imaginarse, este trabajo requirió de un alto grado de abstracción y de un uso sofisticado del lenguaje para reunir bajo categorías cada vez más generales las características de todos los elementos analizados por separado.

El primer paso consistió en listar los títulos de todas las *plataformas* producidas y clasificarlas en categorías. Estas categorías fueron el resultado de un proceso de análisis, diálogo y debate con todo el grupo en el que se contrastaban las opiniones e ideas de cada participante, que se rebatían, se validaban o se complementaban colectivamente. De este modo se fueron agrupando aquellas *plataformas* que compartían alguna característica hasta tener todas las plataformas incluidas en algún grupo. Así se llegó al consenso de que contábamos con cuatro tipos distintos de *plataformas* según su orientación o función:

1. Plataformas para ser felices.
2. Plataformas para la vida de una misma.
3. Plataformas para la vida de las otras personas.
4. Plataformas para hacer cosas fantásticas.

Como es de suponer, este proceso exigió construir razonamientos y expresarlos eficazmente, encontrar asociaciones de ideas e identificar patrones generales y abstractos a partir del análisis de características particulares. Además, durante los debates emergieron cuestiones sociales y filosóficas profundas y sobre las que se daban disensos y se construían consensos de manera dialéctica —cuestiones como ¿qué es la felicidad? o ¿qué relación existe entre la felicidad individual y la de las demás personas?—.

El siguiente paso consistió en identificar todas las combinaciones posibles entre las cuatro categorías (fig. 18). Las seis combinaciones posibles se sintetizaron de nuevo en tres, de las cuales se descartó una por ser redundante. De este modo se llegó a dos propuestas diferenciadas:

1. Plataforma para que todas las vidas sean felizmente fantásticas.
2. Plataforma para vivir felizmente las cosas fantásticas.

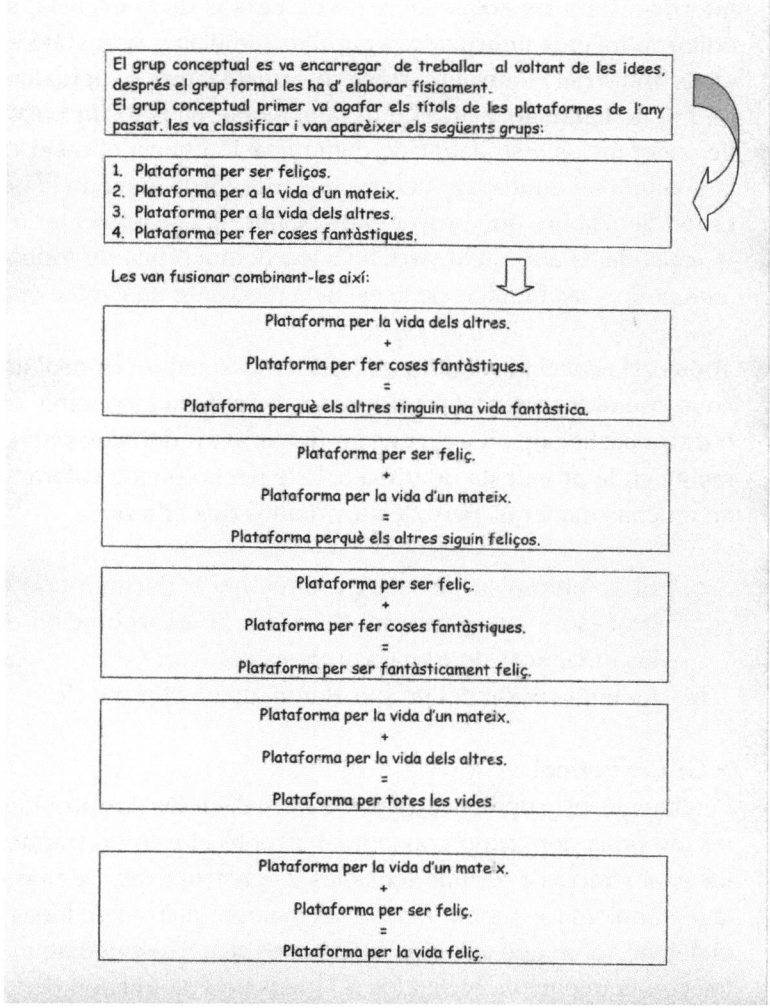

Fig. 18. Diagrama del proceso de trabajo conceptual elaborado por el equipo docente de la Escola Prat de la Manta.

⌐ Grupo Comunicativo

En cada una de las sesiones de trabajo del grupo conceptual participaban dos alumnos o alumnas del grupo comunicativo que se encargaban de tomar nota, resumir y trasladar al grupo formal los avances del proceso. No solo eso: el grupo tenía también la tarea de comunicar a toda la comunidad educativa el desarrollo del proceso. Para ello se organizaron visitas informativas a las aulas del resto de cursos de la escuela, se editaron folletos informativos para las familias y se instaló en el vestíbulo del centro un estand informativo que se actualizaba periódicamente y en el que también se habilitó un buzón de sugerencias. Esta labor de comunicación hacia el resto de la comunidad educativa fue esencial más tarde, cuando la decisión final sobre qué proyecto de plataforma se presentaría a la *regidoria* se abrió a la participación democrática de todo el alumnado y las familias de la escuela mediante una votación.

Todas estas acciones informativas fueron ideadas por el alumnado con el soporte del profesorado, de manera autónoma, sin nuestra participación y sin que las hubiéramos definido previamente en la propuesta de trabajo. Este hecho puede valorarse de muchas maneras, pero destacaríamos dos criterios:

a. El compromiso del equipo directivo y docente con el proceso y sus objetivos, así como la incorporación de las dinámicas de trabajo propuestas.
b. La implicación del propio alumnado en el proyecto.

⌐ Grupo Formal

Finalmente, el grupo encargado de formalizar las dos propuestas surgidas del grupo conceptual afrontó el reto de traducir ideas abstractas a formas sensibles y constructivas. De nuevo la metodología se fundamentó en el diálogo, la lluvia de ideas y el debate sobre qué soluciones formales se correspondían mejor con la intención, el sentido, el mensaje y la función de las plataformas propuestas por el grupo conceptual. También en este grupo, el debate sirvió para recoger diferentes propuestas que se sintetizaban en soluciones formales que, a su vez, eran sometidas de nuevo a debate hasta llegar a consensos sobre los recursos estéticos y formales que se propusieron finalmente. El grupo se dividió en dos equipos de trabajo, cada uno de los cuales se encargó de construir la maqueta correspondiente a cada una de las propuestas conceptuales.

Fig. 19.

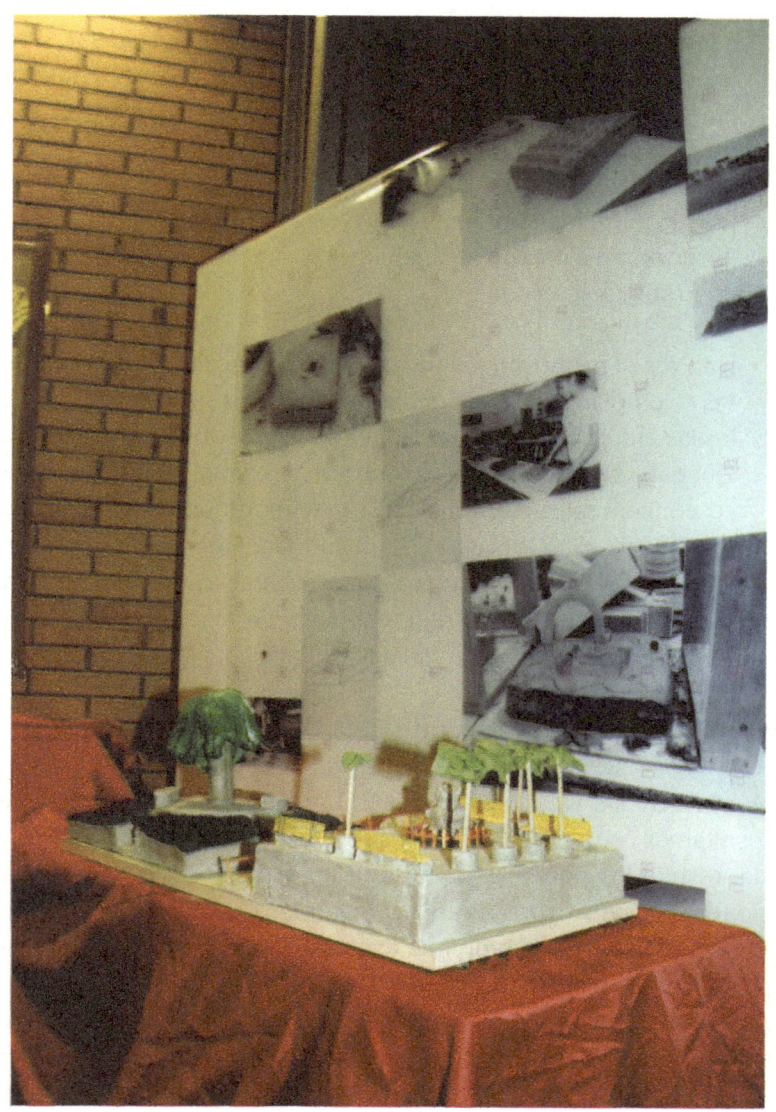

Los proyectos escultórico-arquitectónicos resultantes (fig. 19) presentaban soluciones estéticas y espaciales similares —en correspondencia quizás con la similitud entre las dos propuestas recibidas del grupo conceptual—. Principalmente ambas propuestas formales proponían un espacio de cierto recogimiento, con bancos situados en torno a un elemento central —y en una de las dos propuestas, orientados hacia el centro de la plataforma— en los que poder descansar y relajarse. Aunque también ambas plataformas se concibieron como puntos de encuentro con otras personas. Mientras que una de las propuestas situaba un árbol en el centro, la otra colocaba una escultura de aspecto pop con la forma de un oso de peluche. Muy remarcable es que ambas propuestas incorporaban elementos vegetales, en una de las dos de manera central y destacada.

Una vez el grupo formal finalizó la construcción de las maquetas y los planos correspondientes a ambas propuestas formales las incorporó al estand situado en el vestíbulo de la escuela. Quedaba así expuesto el proceso de trabajo al completo, desde su conceptualización inicial. El grupo comunicativo convocó una votación, abierta a toda la comunidad educativa, para decidir cuál de las dos propuestas se presentaría a la *regidoria* para ser construida e instalada en la plaza de Maria Artigal, frente al Centro Cultural Santa Eulàlia.

⟋𝛿 Del papel a la realidad

Más allá de los valores estéticos y funcionales de las propuestas resultantes, nos parece importante destacar cómo el proceso y sus resultados ponen de manifiesto algunas visiones, preocupaciones y deseos de los niños y niñas respecto al espacio público. Por otro lado, el hecho de que esos diseños sirvieran como base para construir e instalar un elemento escultórico-arquitectónico real en el espacio público no es anecdótico. Como decíamos más arriba, distintas prácticas artísticas y de mediación cultural han operado una especie de giro copernicano, colocando los procesos de trabajo en el centro que antes ocupaban los resultados. Decíamos que, desde otro punto de vista, podríamos superar esta disyuntiva si entendemos que el resultado es también parte del proceso. En el caso de "Llocs", la importancia de la plataforma final no estriba únicamente en sus cualidades formales o funcionales como producto acabado, sino también en el hecho de que la plataforma se integrara efectivamente en la trama de interacciones sociales cotidianas de las personas que transitan ese espacio, se lo apropian y lo habitan. Esta capacidad de intervenir en el espacio construido rara vez está en manos de la ciudadanía y menos aún de la infancia. Por otro lado, como cualquier otra manifestación artística, la plataforma, una vez instalada, permanece abierta a la interpretación, a que las personas construyan y le atribuyan múltiples sentidos.

Todos los factores mencionados más arriba condujeron a que el Ayuntamiento de L'Hospitalet aceptara colaborar en el proyecto sufragando los gastos de construcción e instalación de la plataforma y poniendo a disposición del proyecto los conocimientos y el trabajo del arquitecto municipal Sergi López-Grado. Durante el curso 2002-2003 Sergi visitó la escuela y recibió las explicaciones de todo el alumnado que había participado en su desarrollo. En base a estas explicaciones y a las maquetas y planos elaborados por el alumnado, Sergi dibujó una propuesta de diseño y constructiva homologable que cumpliese con las normativas de seguridad y los requisitos materiales para que la plataforma pudiera ser instalada en el exterior. La propuesta del arquitecto introducía algunas modificaciones formales respecto a las maquetas que no fueron bien recibidas por una pequeña parte del alumnado. Aunque a nuestro juicio la propuesta respondía de manera suficientemente fidedigna al proyecto original del alumnado, y que fue aprobada por su mayoría, hubiera sido conveniente buscar con más empeño un consenso general. A lo largo del curso se programaron dos visitas con el alumnado al taller en el que se estaba construyendo la plataforma para hacer el seguimiento de la obra. Cabe destacar que todo este proceso fue coordinado por la escuela sin nuestra participación directa.

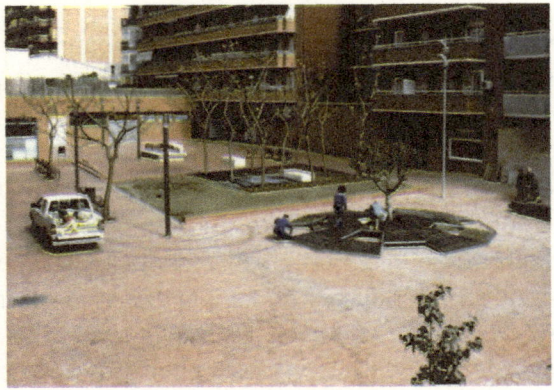

Fig. 20. La plataforma durante su instalación y montaje.

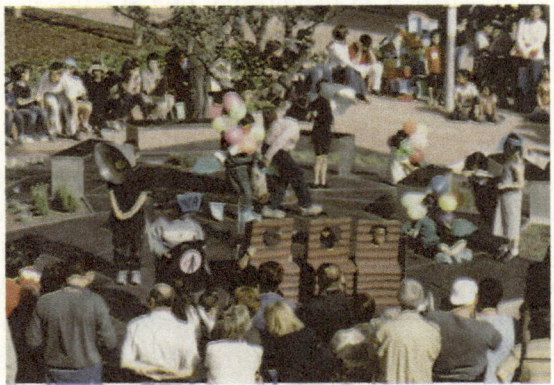

Fig. 21. Representación teatral en la plataforma a cargo de alumnes de la escuela Prat de la Manta durante el acto de inauguración de esta.

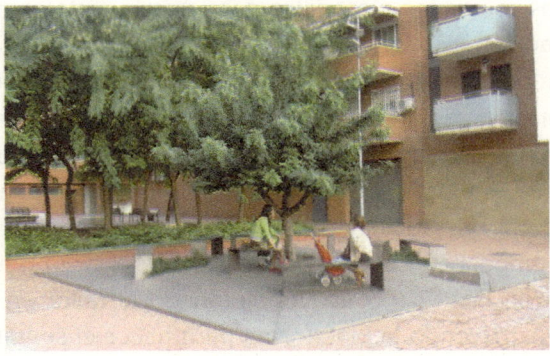

Fig. 22. La "Plataforma para que todas las vidas sean felizmente fantásticas" algunos años después de su inauguración.

Finalmente la plataforma se inauguró con una fiesta en junio de 2003, tres años después del inicio del proyecto, con la participación de todo el alumnado del centro y las familias. A propuesta de la escuela un grupo de alumnos y alumnas preparó una obra teatral que giraba en torno a la cuestión de *qué es una vida felizmente fantástica para todas las personas*. Paralelamente editamos una publicación en formato de diario de cuatro páginas que incluía textos del equipo docente, del alumnado y de nosotras mismas. Se invitó también a escribir sendos textos sobre cuestiones relacionadas con el proceso al antropólogo Manuel Delgado y al comisario de arte David Armengol, y se incluyó también una tira cómica dibujada por el autor de cómics Marcos Prior. El diario se repartió gratuitamente durante la inauguración como una herramienta más para extender al barrio y socializar los debates y objetivos del proyecto. En las páginas centrales del diario se incluía un plano vacío, sin el nombre de las calles del barrio de Santa Eulàlia, en el que se invitaba a las personas asistentes a la inauguración a dibujar su recorrido particular por la ciudad hasta llegar a la plataforma; estos planos *intervenidos* se expusieron en la vidriera exterior del centro cultural formando un gran mural colectivo. El texto de Manuel Delgado que acompaña al plano habla precisamente del pasante, de quien viene de un lugar y aún no ha llegado a otro, con la sospecha de que, en realidad, carece de lugar.

∽∽∽

EJEMPLO PRÁCTICO 2
Escuela Intercultural Bilingüe - Mercado de San Roque

⬊ Dónde:
Mercado de San Roque, Quito

⬊ Quién:
- Equipo de investigación y mediación comunitaria (2011 - 2016) de la Fundación Museos de Quito
- Asociación de Trabajadores Independientes Runacunapac Yuyay (ATIRY) y Escuela intercultural bilingue Amawta Rickchari
- Asesoria de Pascale Laso de la Escuela Feminista Mujeres de Frente
- Frente de Defensa del Mercado de San Roque

⬊ Qué:
La Fundación de Museos de Quito es una entidad público-privada que coordina cinco museos municipales de la ciudad. Durante los años 2011 a 2016 sostuvo un Área de Mediación Comunitaria, transversal a todos los equipamientos, con un equipo interdisci-plinario entre educadoras populares, educadores-jornaleros expertos en huertos urbanos, antropólogos, urbanistas y creadores. Su objetivo era generar alianzas y procesos colaborativos a largo plazo con diversos entornos y grupos. Parte de su trabajo se desarrolló en el Mercado de San Roque, en un proceso de reafirmación de saberes, una red de actores y comerciantes junto a grupos de mujeres indígenas urbanas y una alianza con el Museo de la Ciudad y el Museo del Agua, además de varias redes de comerciantes independientes, la escuela intercultural (quechua-español) Amawta Rickchari y un espacio de cuidado para primera infancia autogestionado por ATIRY.

Fruto de este proceso de arraigo en el mercado de San Roque nació la iniciativa de educación popular y trabajo cooperativo entre mujeres del comercio popular que parte de la práctica del bordado como ejercicio de conversación que re-crea conocimiento sobre las propias comunidades, sus memorias y saberes. Abrió sus puertas en enero 2017 como un proyecto colaborativo de la maestra de bordado Kitu-Kara María Elena Tasiguano, el artista y educador comunitario Alejandro Cevallos y el Centro Infantil de la Asociación de Trabajadores Independientes Runacunapac Yuyay, un espacio educativo autónomo, autogestionado por las trabajadoras del mercado de San Roque en la década de

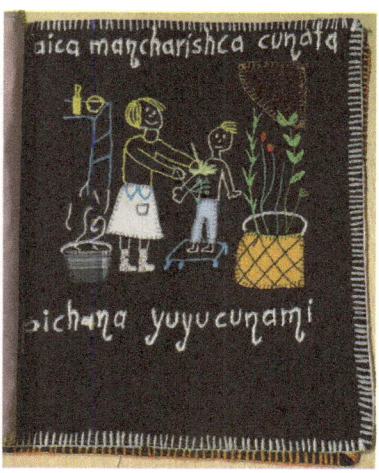

Fig. 23. Las plantas medicinales del mercado San Roque, un cuento infantil escrito y elaborado por las compañeras del taller de bordado Sirak Warmikuna

los 80. Actualmente investiga y elabora materiales bordados para una educación propia, intercultural y bilingüe. Durante el proceso se han creado redes de colaboración y aprendizaje con varios actores: el educador de arte Lennyn Santacruz, la Escuela Popular Feminista Mujeres de Frente y el colectivo de bordadoras Sara-Sisa. Ha recibido el apoyo de la Escuela Otra Hoja de Ruta para la Educación Artística y en 2017 recibió la beca Nuevas Pedagogías del Arte del Centro de Arte Contemporáneo de Quito. Tras este proceso, de 2021 a 2023 el Museo de la Ciudad, coordinado en ese período por el propio Alejandro Cevallos, da continuidad a este compromiso con el comercio popular, además de impulsar la creación de materiales educativos para hablar con niñxs de otras escuelas de Quito sobre la historia de la organización de las mujeres que cultivan plantas medicinales (fig. 23) y comercian con ellas, y sobre las relaciones campo-ciudad a través del comercio popular. Además, estos materiales sirvieron para intervenir y modificar el discurso de la mediación en las salas permanentes del Museo de la Ciudad, específicamente en la sala del siglo XX donde se omitía la historia del comercio popular y del movimiento indígena.

El espacio se articula a partir de cuatro principios:

1. "Reconocimiento de una misma", mediante el trabajo con hierbas medicinales para hablar metafóricamente de la propia comunidad.
2. "Reconocimiento del grupo", por medio de retratos colectivos, mapas de recorridos cotidianos, caracterización de las actividades y roles que cumplen las mujeres en el mercado.
3. "Reconocimiento de nuestro contexto". Derivas por el mercado, análisis de imágenes mediáticas del mercado para concebir imágenes de respuesta como un testimonio desde adentro.
4. "Narrar desde el mercado". Módulo en donde se trabaja desde la secuencia y el montaje de pequeñas estructuras narrativas para elaborar cuentos para niños y niñas en lengua quechua sobre las experiencias, espacios u objetos del mercado.

Se puede ver una presentación general de este proceso aquí:

⏏ Un calendario agrofestivo situado

Una de las propuestas desarrolladas en el marco de la Escuela Intercultural Bilingüe del Mercado de San Roque fue la de crear un calendario agrofestivo.

En un contexto poscolonial como el de Ecuador resulta sencillo identificar el papel de la escuela en la reproducción de los valores culturales de los grupos sociales dominantes. Como forma de resistencia a la aculturación y la asimilación, emergen en Ecuador durante los años 50 escuelas indígenas clandestinas. No serían reconocidas por el Estado hasta 1990, cuando se instituye la Dirección de Educación Intercultural Bilingüe tras el gran levantamiento indígena de ese mismo año. Posteriormente a este reconocimiento, las escuelas indígenas sufrieron una falta de apoyo e inversiones hasta que en los años 2010 se inicia una campaña de descrédito por parte del Estado que acusa a las escuelas indígenas y comunitarias de reproducir la pobreza. Cerca de 1.900 escuelas se cerraron en todo el país. No obstante, muchas de estas escuelas han subsistido gracias a la propia organización comunitaria (fig. 24). En Quito, las escuelas interculturales aparecen justamente en los mercados populares debido a que son espacios de acogida de personas indígenas vinculadas al comercio de alimentos.

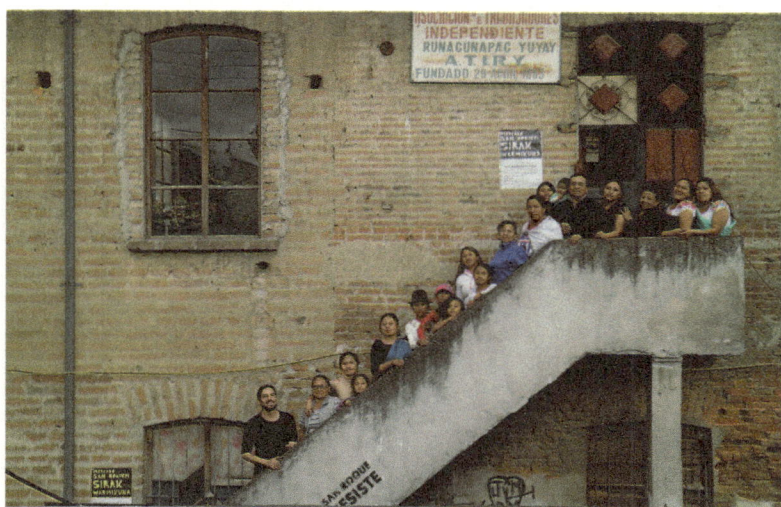

Fig. 24. Integrantes del taller Sirak-Warmikuna en las instalaciones del centro educativo de la Asociación de trabajadores independientes Runa-Kunapac-Yuyay

Las iniciativas y procesos de creación artística desarrollados por el equipo de mediación comunitaria de la Fundación Museos de Quito se suma críticamente a este impulso en colaboración con distintos agentes sociales y culturales del entorno del Mercado de San Roque, entre ellos la Escuela Intercultural Bilingüe.

El mercado está situado en el límite del centro histórico de Quito, del que se quiere expulsar a la población indígena y de clase popular, presionada por los intereses del turismo y la especulación inmobiliaria. En este contexto el mercado es uno de los puntos de llegada a la ciudad y acogida de poblaciones migradas de las zonas rurales del país, mayoritariamente población campesina e indígena. Como en muchos procesos de gentrificación y desplazamiento de población, el mercado y su entorno han sufrido previamente un total abandono junto con una campaña de desprestigio y estigmatización a través de los medios de comunicación, en los que aparece como un lugar sucio y peligroso sobre el que es necesario intervenir. Una descripción que no está en absoluto exenta de un racismo más o menos implícito. La Escuela Intercultural Bilingüe se encuentra en el centro del mercado y a ella asisten los hijos e hijas de las vendedoras y las personas campesinas que lo abastecen.

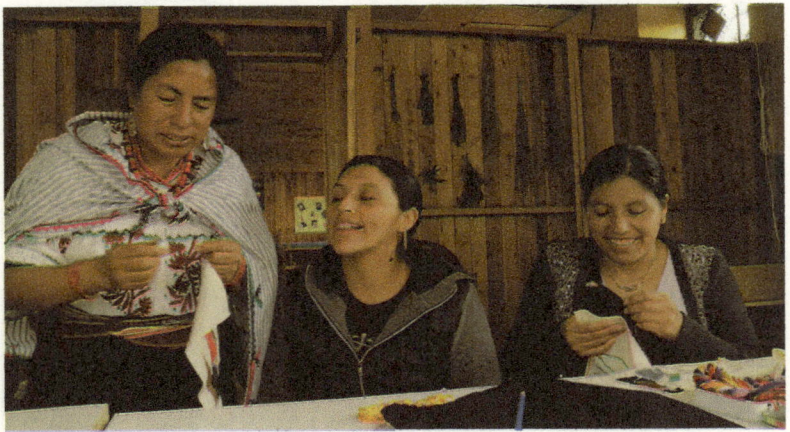

Fig. 25. A la izquierda, María Elena Tasiguano, maestra de bordado. A la derecha de la imagen Ana María Guaminga y Rebeca Chafla trabajadoras del Mercado San Roque.

El área de Mediación Comunitaria de la Fundación Museos de Quito estuvo activa entre 2011 y 2015, articulando los procesos de mediación en cinco de los museos de la ciudad —Museo del Carmen Alto, Museo de la Ciudad, Yaku-Parque Museo del Agua, Museo Interactivo de Ciencia y Centro de Arte Contemporáneo de Quito— en torno a tres ejes de trabajo: participación, red de huertas urbanas y educación. La colaboración con la escuela y con el propio mercado parte del encargo inicial del Instituto de Patrimonio de desarrollar talleres participativos con comerciantes del mercado (fig. 25) y elaborar una propuesta colectiva de readecuación del edificio de acuerdo a las necesidades de los propios comerciantes, con la voluntad de que este proceso participativo abriera la puerta a una reubicación consensuada de gran parte de la actividad del mercado fuera de centro histórico. La colaboración y el intercambio del área de Mediación Comunitaria con el Frente de Defensa y Modernización del Mercado durante más de tres años puso de relieve las tensiones que estos planes de reubicación encerraban. En esta tesitura el trabajo del equipo de Mediación Comunitaria se centró en comprender y socializar "la importancia del mercado San Roque y del comercio popular e indígena como una práctica fundamental de la vida urbana andina; mediante esta actividad es posible la sostenibilidad de buena parte de las economías populares del centro histórico, el diálogo entre prácticas culturales rurales y urbanas, la vitalidad de saberes populares como el trabajo artesanal o la medicina natural, la soberanía alimentaria, la reproducción de la lengua kichwa y los espacios de educación intercultural que se han auto-gestionado (Cevallos, 2018)".

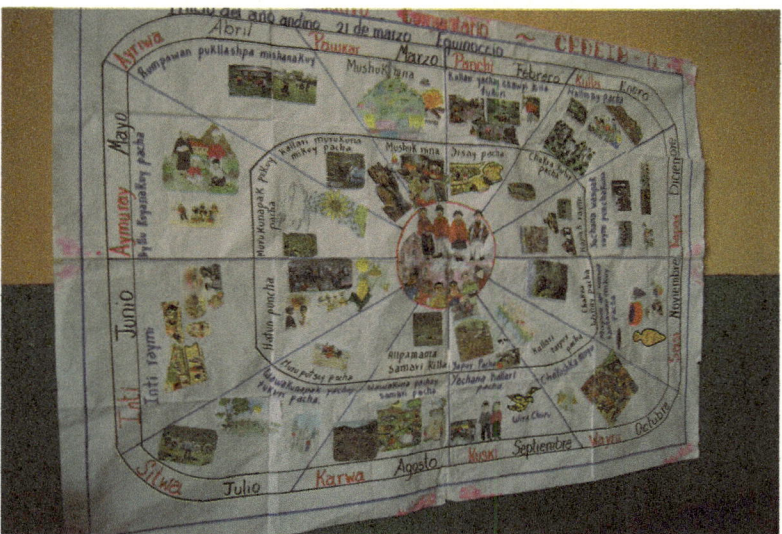

Fig. 26. Calendario de equinoccios, solsticios y festividades agrícolas andinas elaborado por profesoras y niños niñas de la Escuela Intercultural Bilingüe del mercado San Roque

La Escuela Intercultural Bilingüe era uno de los puntales de la comunidad del mercado. No solo por su labor educativa y de restitución lingüística y cultural, sino también por su colaboración con las familias, y particularmente con las mujeres, en el cuidado de las criaturas. Así, una parte fundamental del trabajo del equipo de Mediación Comunitaria en el mercado se articulaba con la escuela. Procesos de creación colectiva como la elaboración de un calendario agrofestivo se dirigían a tomar conciencia sobre la propia cultura. Un calendario agrofestivo ilustra las actividades agrícolas a lo largo del año en base a saberes ancestrales sobre el clima, los astros y los ritmos de regeneración de la tierra "dibujando un ciclo que está profundamente tejido con la ritualidad festiva y comunitaria de los Andes (Cevallos, 2018)".

Para elaborar el calendario agrofestivo (figs. 26 y 27), el equipo de Mediación Cultural realizó entrevistas a las profesoras además de organizar grupos de discusión con las madres de familia de la escuela para identificar actividades agrícolas y festividades; las niñas y niños contrastaron la información proporcionada por los adultos y desarrollaron una maqueta del calendario con sus propias ilustraciones.

Los calendarios agrofestivos son un material utilizado habitualmente en las escuelas interculturales bilingües de la región andina desde los años 80, pero que en el momento en el que se desarrolló el proceso de creación en la escuela del mercado se había convertido más en un emblema identitario que en una herramienta pedagógica. "El propósito de recrear una versión del calendario surgió de la propuesta de articular espacios de colaboración entre profesoras interculturales y educadoras de museos en actividades extracurriculares que pudieran reactivar el carácter educativo [y cultural, añadiríamos] de esta herramienta (Galarza, 2016)."

Originalmente, el calendario agrofestivo permite a los docentes acompasar los saberes y prácticas locales con el currículo escolar. Además, no solo es una forma de representar la organización del tiempo de las comunidades indígenas agrícolas, sino que también permite establecer una conversación con la naturaleza y con las deidades para el cuidado y cultivo de la *chacra* —en Ecuador, el término *chacra* se utiliza genéricamente para referirse a una pequeña parcela de tierra cultivada por pequeños agricultores o comunidades locales, primordialmente para el autoconsumo—. Puede observarse que estas funciones están vinculadas al contexto específico de comunidades agrícolas, y sin embargo la Escuela Intercultural del mercado de San Roque se encuentra en un entorno urbano —aunque estrechamente relacionado por intercambios económicos y lazos culturales con el rural—.

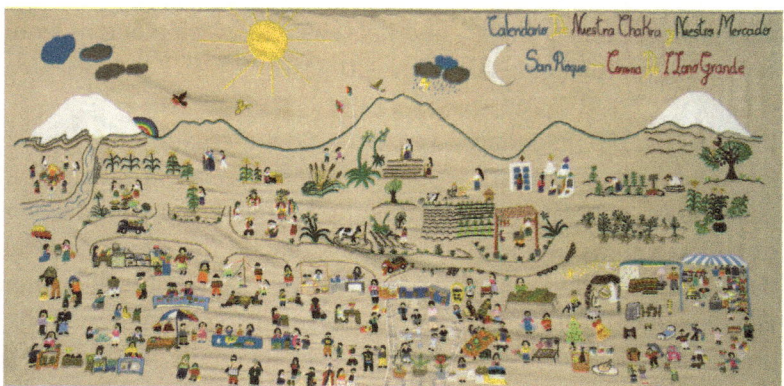

Fig. 27. Calendario agrofestivo de nuestra chakra y de nuestro mercado. Mural elaborado por las compañeras del taller Sirak Warmikuna en donde documentan las prácticas y festividades agrícolas, la ritualidad andina, las épocas del año y el trabajo como comerciantes en el mercado.

Una parte primordial del trabajo del equipo del área de Mediación Comunitaria consistió precisamente en *situar* el calendario agrofestivo como herramienta educativa y como manifestación cultural vinculada a las prácticas materiales y simbólicas que, entrelazadas, se dan específicamente en el contexto urbano del mercado de San Roque:

"Por un lado los ciclos laborales caracterizados por la traída de productos agrícolas de temporada, actividad asociada a la inversión, momentos de regreso de las trabajadoras del mercado a sus comunidades en temporadas festivas, se determinaron momentos de pagar deudas y de descansar, de incremento del trabajo; es decir, aparecieron distintos grados de intensidad en la dinámica laboral de las madres de familia abriendo la pregunta sobre cómo estas intensidades afectan los ritmos educativos dentro de la escuela.

Por otra parte, se integraron al calendario festividades propias de la escuela como la celebración fundacional o el festival de juegos tradicionales además de las actividades de planificación, los momentos de estudio en escala de preparación y evaluación. La imagen que se formulaba ponía en sincronía las actividades escolares, las actividades laborales del mercado, una datación de festividades mestizas e indígenas además del ciclo agrícola, interrelacionando y mostrando las tensiones y afectaciones que se causan mutuamente (Cevallos, 2018)."

La creación del calendario agrofestivo del mercado corrió paralela a la implementación de una pequeña huerta educativa en el patio de la escuela, y el desarrollo de un cuaderno con actividades y preguntas que relacionaban el cuidado del huerto con las dimensiones reunidas en el calendario: "De esta manera la imagen no solo condensaba un proceso de investigación colaborativa sino que anclaba lo que, nos gustaría creer, es un compromiso entre la escuela y las educadoras de museo sobre una práctica educativa situada en el contexto (Cevallos, 2018)".

Valeria Galarza, educadora del equipo de mediación comunitaria, apuntaba a una paulatina *folclorización* del calendario agrofestivo andino en el contexto educativo de Ecuador. Es decir, una desvinculación del calendario, en tanto que objeto cultural, de las prácticas materiales —el cultivo de la tierra— y simbólicas —festividades, representaciones y rituales— que organizan la reproducción de la vida y la cosmovisión en el seno de las comunidades indígenas andinas. Nos parece que esta *folclorización* de la cultura —el acto violento de escindir las prácticas culturales de las formas de vida dentro de las cuales tienen sentido y cumplen una función— también se ha ejercido históricamente y se ejerce aún hoy en nuestro contexto sobre las culturas populares. Entre ellas, y de manera flagrante, la del pueblo gitano, objeto de políticas de asimilación forzada y marginación.

EJEMPLO PRÁCTICO 3
Gitanidad, lengua y cultura gitanas - Instituto Escuela Gornal

↘ Dónde:

Instituto Escuela Gornal. L'Hospitalet de Llobregat

↘ Quién:

- LaFundició
- Lacho Baji Cali. Asociación gitana de L'Hospitalet
- Instituto Escuela Gornal

↘ Qué:

El Instituto Escuela Gornal —hasta 2018 únicamente escuela de educación primaria— es un centro educativo público situado en el Gornal. Bellvitge y el Gornal forman el Distrito VI de la ciudad de L'Hospitalet de Llobregat. Ambos barrios están separados por las vías de tren que unen Barcelona con el aeropuerto del Prat, una profunda cicatriz urbana que los separa e incomunica.

En 2012, un informe publicado por la Federación de Asociaciones de Mujeres Gitanas y la Fundación Mario Maya (Santigo y Maya, 2018) sobre segregación del alumnado gitano compartía algunos datos sobre el centro: en un barrio con un 15 % de población gitana, la proporción de alumnado gitano en la Escuela Gornal era del 83 %. Por otro lado encontramos que en Bellvitge existen actualmente cuatro centros educativos públicos, mientras que el Gornal solo cuenta con el Instituto Escuela. Niñas y niños gitanos de Bellvitge —e incluso de otros barrios de la ciudad— cruzan diariamente las vías del tren para asistir a la escuela en el Gornal. Ateniéndonos a los hechos se puede afirmar sin ambages que, en este caso específico, la población escolar gitana del Gornal está segregada y que esta segregación es consecuencia del antigitanismo social.

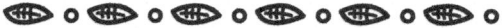

Como venimos diciendo, los procesos educativos y comunitarios de creación artística y cultural no pueden dejar de estar situados, ya que su naturaleza es, precisamente, ser desarrollados en función de unas tramas comunitarias y un territorio específicos. En el caso de centros como la Escuela Gornal, por dinámicas del territorio como las descritas más arriba, esta necesidad de situarse, escuchar activamente, colaborar, afectar y dejarse afectar por el entorno y sumarse a sus tramas comunitarias nos parece aún más perentoria. Entre otros motivos porque ciertos grupos, consciente o inconscientemente, perciben la institución educativa como un instrumento de asimilación cultural.

En 2019, la entonces ministra de Educación Isabel Celaá anunció la inclusión de la historia del pueblo gitano en el currículo escolar. No fue hasta una fecha tan reciente como 2022 que se editó un "Protocolo orientativo para la inclusión de la historia y la cultura gitana en el currículo escolar" junto con diversos materiales didácticos dirigidos a la educación primaria y secundaria. En 2020 el Consejo de Europa publicó una recomendación en la que instaba a los Estados miembros a "promover la integración de la historia de los gitanos en los programas escolares y los materiales pedagógicos reforzando, así, la comprensión sobre la presencia histórica de las personas gitanas y su contribución al patrimonio cultural europeo, subestimado en las enseñanzas formales y contribuyendo a combatir el antigitanismo antigitanismo"[2]. Anteriormente, en 2016, la comunidad de Castilla y León presentó un documento guía con unidades didácticas sobre la historia y la cultura gitanas para las diferentes etapas educativas. No obstante, según publicaba el portal de noticias Euronews en 2019 tras consultar a varios profesores de la región, no había constancia de que tales unidades didácticas se hubieran integrado efectivamente en las clases.

Estos datos permiten entrever la distancia entre la institución educativa y las comunidades integradas mayoritariamente por

....

2. https://www.educacionyfp.gob.es/mc/sgctie/comunicacion/blog/2020/septiembre2020/integracion-historia-pueblo-gitano.html

personas gitanas. De hecho, la ausencia de la historia y la cultura gitanas en los contenidos curriculares es tan solo una parte de las causas de esta separación. Otras podrían ser la ausencia de referentes gitanos en los equipos docentes y, sobre todo, el desencaje de los hábitos y rituales demandados por la cultura escolar con los modos de socialización y transmisión de saberes propios del pueblo gitano.

La colaboración de LaFundició con la Escuela Gornal se inició en 2013, precisamente al descubrir que muchas de las niñas y niños gitanos del bloque de pisos en el que se encuentra nuestro local en el barrio de Bellvitge se desplazaban al Gornal para asistir a la escuela. Nos pusimos en contacto entonces con el centro y durante un curso colaboramos en el desarrollo de un proceso de investigación artística en torno a la relación del cuerpo en movimiento con los espacios de la escuela.

Cuatro años más tarde, en 2017, volvimos a contactar con la escuela, esta vez de la mano de Mercedes Gómez, miembro de la asociación gitana de L'Hospitalet Lacho Baji Cali que trabajaba entonces como dinamizadora externa en el centro. De este encuentro surgieron dos líneas principales de trabajo: por un lado, dar a conocer la lengua romaní como patrimonio cultural del pueblo gitano, y por otro sumar la escuela a la red de personas y entidades que en aquel momento se proponía conmemorar por primera vez en la ciudad el 8 de abril, Día Internacional del Pueblo Gitano.

Ninguno de los alumnos y alumnas de la escuela sabía de la existencia del romanó como lengua común del pueblo gitano, aunque sí había un mayor conocimiento del caló, originado en la península ibérica por la influencia sobre el romanó de las lenguas de su entorno. El romanó es una lengua muerta en todo el Estado español, no así en otros países europeos. Su desaparición es fruto de una persecución secular que arranca en 1499 con la pragmática de los Reyes Católicos que promulga el fin de los derechos concedidos a los gitanos como peregrinos y de sus comportamientos culturales diferenciados —lengua, vestimenta y costumbres—.

De este modo, en relación con la primera línea de trabajo, se propuso producir con el alumnado un diccionario ilustrado romanó-català-castellano en formato libro y un vídeo de animación o "diccionario animado", que pueden consultarse aquí:

El proceso de creación del diccionario, desarrollado durante el primer semestre de 2017, partió de preguntar a cada alumno y alumna qué palabra desearía saber en romanó. Posteriormente escribiría su definición y la ilustraría con un dibujo que se incorporarían al diccionario. Todos los textos del diccionario, incluidos los créditos, textos introductorios y definiciones, fueron traducidos al romanó por Carlos Muñoz, estudioso de la lengua romaní y colaborador habitual de la asociación Lacho Baji Cali. En la misma aula, mientras parte del alumnado trabajaba en las ilustraciones y definiciones, otra lo hacía en la animación del vídeo-diccionario, con el acompañamiento del colectivo Taller Estampa (figs. 28 y 29). Hacia el final del semestre se trabajó en la estampación de camisetas, mediante la técnica de la serigrafía, en las que podían leerse en romanó las palabras seleccionadas junto con su ilustración correspondiente. Durante el acto de conmemoración del 8 de abril, celebrado en la avenida principal del Gornal, se instaló una carpa en la que los vecinos y vecinas podían estampar las palabras y las ilustraciones creadas por el alumnado de la escuela.

Finalmente el diseño del diccionario fue encargado al colectivo de diseño gráfico Hijos de Martín (Edu Piracés y Marina Martínez). El diccionario se presentó al barrio en el acto de conmemoración del 8 de abril del año siguiente (fig.30), en el que paralelamente se había trabajado con la escuela, la asociación Lacho Baji Cali y numerosas personas y entidades de la ciudad y con entidades vinculadas a la cultura gitana como el Consejo Municipal del Pueblo Gitano de Barcelona, la Fundación Secretariado Gitano, la asociación Rromane Siklŏvne (Estudiantes Gitanos) y Rromane Glasurâ (Veus Gitanes). Más tarde se presentaría también en las bibliotecas públicas de los barrios de Bellvitge y la Florida.

Uno de los "impactos" de este proceso de trabajo ha sido que, desde aquella primera edición de 2018, la escuela ha seguido participando hasta hoy, con mayor o menor implicación en su organización, en la celebración anual del Día Internacional del Pueblo Gitano en L'Hospitalet. Este acto es una oportunidad para celebrar y hacer visible en el espacio público la existencia del pueblo gitano, su cultura, sus valores propios y sus reivindicaciones.

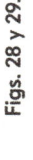

Figs. 28 y 29.

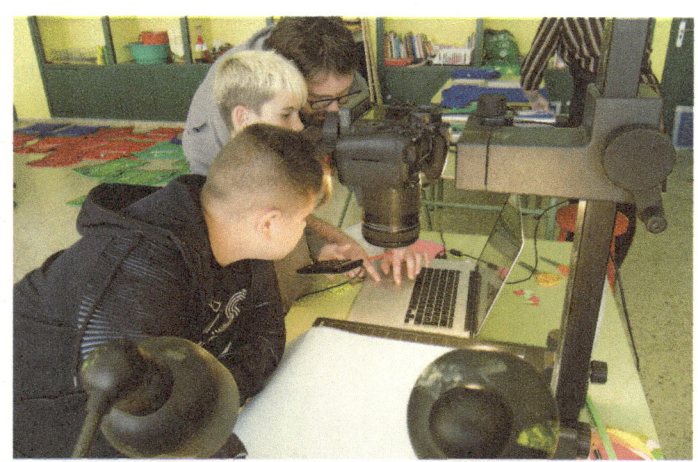

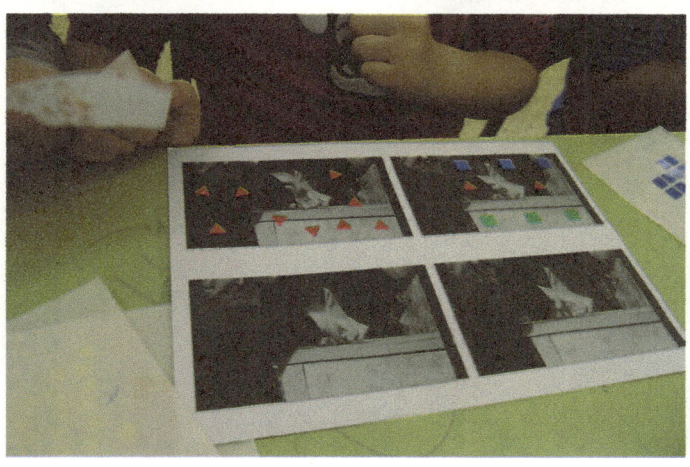

Las acciones desarrolladas a lo largo de todo este proceso se dirigían a dar a conocer el patrimonio cultural del Pueblo Gitano, no solo al alumnado gitano, sino a toda la comunidad educativa y el barrio, a través de la creación artística. Este impulso responde a las circunstancias específicas del centro educativo y a su posición en la estructura de relaciones que organiza el territorio en el que se sitúa. Una vez más, la creación artística y cultural colectiva tiene una triple vertiente:

- Una función didáctica en el aprendizaje de contenidos curriculares y la adquisición y desarrollo de competencias clave, en este caso del área de educación plástica y visual y lengua.
- Una dimensión simbólica, estética y creativa en tanto que se producen formas, narraciones y representaciones.
- Una dimensión comunitaria y política en la medida en que la producción artística y cultural se entreteje con los procesos sociales del territorio y con las relaciones desiguales de poder que los organizan, con la intención de afectarlos.

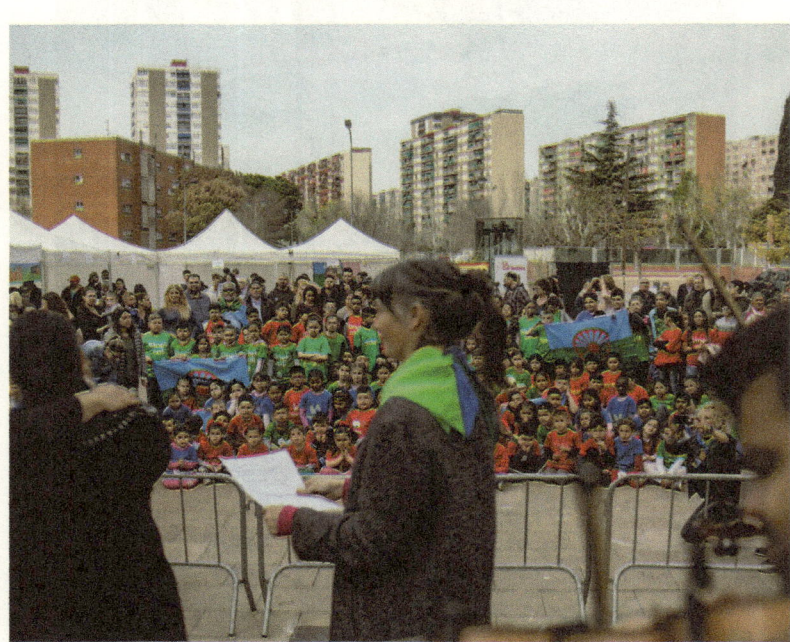

Fig. 30.

Un hecho fundamental en este análisis de los procesos comunitarios de creación artística y cultural es que la infancia, en este caso el alumnado de la Escuela Gornal, pueda participar de manera efectiva y en función de sus capacidades y su propia experiencia en estas tres dimensiones.

↗ Conocer el territorio y hacer territorio o la escuela sin paredes

Conocer el lugar en el que planteamos desarrollar nuestra acción es, quizás, el principio de todo. Conocer el territorio siendo parte del paisaje, conocer el contexto habitándolo. A su vez, podemos entender las acciones dirigidas a conocer el contexto como uno de los *haceres* fundamentales en el despliegue de los procesos comunitarios de creación artística y cultural.

El alumnado de los centros educativos proviene, por lo general, de un mismo contexto sociocultural, y comparte en buena medida una serie de conocimientos, experiencias, códigos y valores. La realidad, el trasfondo y el bagaje de los docentes pueden ser muy distintos a los de su alumnado. Por este motivo, aproximarse, conocer y comprender el contexto en el que vive el alumnado y su entorno es fundamental para ejercer la docencia, no ya solo para desarrollar proyectos vinculados a comunidades, sino en cualquier otra área educativa.

Más allá de conocer el territorio, hablamos de sumar los centros y comunidades educativas a las tramas comunitarias del territorio. Participar en espacios de socialización y organización vecinal e integrar la creación artística en aquellos procesos que están directamente relacionados con las necesidades y aspiraciones de la comunidad. En este contexto, la cultura puede ser un instrumento para profundizar en los asuntos comunes y aportar enfoques que los problematicen y complejicen, relacionándolos con otras cuestiones locales o globales. Por otro lado, entendemos esta participación de los centros educativos en las tramas comunitarias como una vinculación cotidiana, del día a día, en la que la escuela opera como un actor más. En este sentido, este planteamiento difiere en algunos aspectos importantes de aproximaciones al contexto como las de los proyectos de aprendizaje-servicio. Por un lado, los proyectos de ApS se plantean como "un servicio a la comunidad". De otro modo, entendemos que no se trataría de trabajar para la comunidad sino de entender que la escuela *forma parte* de la comunidad y, en tanto que se haya concernida por los mismos asuntos, es un miembro más que participa de los espacios y procesos en los que estos asuntos son tratados. Es evidente que este planteamiento choca en muchos aspectos con la realidad material de los centros educativos, con los horarios laborales y la disponibilidad de horas de trabajo que pueden dedicarse a tareas que no sean la docencia o la burocracia. Esta circunstancia y sus limitaciones podrían ser superadas con un cierto grado de resistencia e inventiva, y contando con el mayor número posible de actores: equipo docente, personal no docente, alumnado, familias y otros actores comunitarios.

Por otro lado, el aprendizaje-servicio tiene como objetivo "mejorar el entorno" con un enfoque dirigido a la *resolución de problemas*. Este enfoque conduce, en ocasiones, a abordar cuestiones muy específicas, lo que puede hacernos perder de vista las causas estructurales de las que se derivan los problemas concretos. Por último, también podemos apuntar que la participación en las tramas comunitarias no tiene por qué reducirse únicamente a la resolución de problemas: los momentos de celebración, la conversación como ejercicio de pensamiento colectivo o la representación —cómo nos explicamos a nosotras mismas y a las demás personas quiénes somos, quiénes queremos llegar a ser, lo que pasa a nuestro alrededor y lo que nos pasa— son también haceres de los que debe ocuparse una comunidad y que están estrechamente relacionados con el arte y la cultura.

Dado que las plazas escolares se asignan, principalmente, por proximidad, el alumnado de los centros educativos públicos, en tanto que parte del vecindario, conoce de primera mano el entorno —el barrio, pueblo o territorio en el que se encuentra la escuela—. Los y las alumnas pueden ser las primeras personas a quienes, como docentes, preguntar por su experiencia y su mirada sobre el entorno que habitan.

Esta conversación puede establecerse de muchas formas: podemos editar un fanzine o cualquier otro tipo de publicación —como, por ejemplo, un mapa— en la que se recojan imágenes y textos sobre el territorio y nuestra experiencia habitándolo, o podemos grabar un pódcast en el que se entremezclen conversaciones con paisajes sonoros —breves grabaciones de los sonidos cotidianos del barrio, el pueblo o el territorio—. La edición del fanzine o la preparación del pódcast pueden organizarse como situaciones de aprendizaje y, a la vez, como contextos de conversación que fomenten el diálogo y el debate entre el propio alumnado y con sus docentes, contextos que pueden abrirse e incorporar a otros actores de la comunidad educativa o del territorio —mediante, por ejemplo, entrevistas o charlas que pueden producirse dentro del aula o fuera de la escuela—. En realidad, los ejemplos podrían ser innumerables ya que cualquier medio artístico o creativo puede servir como disparador del diálogo y el debate.

No es necesario que estas conversaciones cuenten con una gran preparación previa, con un guion o una estructura muy elaborada. El objetivo es propiciar una situación en la que, como docentes, poder escuchar activamente qué dicen —¡y qué no dicen!— los y las estudiantes u otros actores comunitarios invitados a participar en ella. De este modo podemos detectar cuáles son, y cuáles no son, los asuntos que les afectan, les conciernen o les ocupan, cuáles movilizan su deseo o lo inhiben, y qué relaciones establecen o no entre estos y el lugar en el que viven. En realidad hablamos de una observación participante, de una conversación de la que no somos únicamente espectadores, sino de la que también podemos tomar parte, expresando y compartiendo nuestros puntos de vista.

La conversación es un acto esencialmente efímero y performativo que, no obstante, podemos documentar y registrar total o parcialmente, de forma más o menos literal: registrar la conversación en una grabación de sonido o en vídeo, resumir los temas tratados a través de notas o mezclando ilustraciones, textos y diagramas a modo de mapa... —para lo que podemos emplear múltiples técnicas gráficas— e incluso documentar la conversación de manera figurada o metafórica: mediante formas abstractas u objetos que podemos asociar a distintos temas o puntos de la conversación, utilizando algún material maleable para representarlos a través de formas tridimensionales, etc.

El objetivo de estas situaciones de conversación es detectar asuntos o cuestiones a partir de los que desarrollar una investigación colectiva y un proceso comunitario. La producción de objetos o manifestaciones más o menos claramente identificables como artísticas no ha de ser necesariamente la finalidad de la investigación y el proceso, más bien se trata de que las representaciones, relatos, imágenes, formas, acciones, etc. aparezcan a lo largo del proceso, entremezclados con otro tipo de manifestaciones y prácticas. De este modo, estos documentos o "rastros" de la conversación pueden ser simplemente un material de archivo o, al contrario, podemos socializarlos y utilizarlos como *disparadores* de nuevas conversaciones y acciones.

Podemos compartir y socializar con el resto de la comunidad educativa parte de los resultados de nuestras conversaciones y debates. Simplemente mostrando los documentos generados o transformándolos de diversas formas. Por ejemplo, utilizando parte de los textos e imágenes generados para intervenir en los espacios comunes del centro, ampliándolos y adaptándolos a la arquitectura o convertirlos en pancartas o estandartes. Podemos llevar estas conversaciones y sus resultados más allá del propio centro interviniendo en el exterior de la escuela, estampando textos e imágenes en prendas de vestir con las que pasear por el barrio o el pueblo; podemos presentar nuestro fanzine, mapa o publicación en la biblioteca municipal; colaborar con alguna emisora local para emitir nuestro pódcast o parte de él, o simplemente publicarlo en alguna plataforma de *streaming*.

Más allá de hablar sobre el territorio —y documentar lo que se dice—, una forma de abordarlo es, literalmente, explorarlo, recorrerlo, "caminarlo"...

Salir a la calle es otra forma de entrar en contacto con la vecindad, simplemente salir y desarrollar la actividad escolar en el espacio público, utilizar otros equipamientos o visitar entidades vecinales o culturales del entorno. Caminar el territorio es una práctica muy útil para observarlo y conocerlo. Rutas planificadas en mayor o menor medida, o *derivas* —paseos no planificados y lúdicos en los que salimos al encuentro de lo inesperado— pueden servirnos para conocer de un modo distinto y experiencial el barrio, la ciudad, el pueblo o un entorno natural. Durante nuestros paseos podemos tomar notas, registrar entrevistas, tomar fotografías o vídeos, realizar pequeñas intervenciones señalando elementos que encontramos a nuestro paso, etc. El paseo o la deriva pueden servir para charlar y debatir mientras se camina sobre diferentes temas que interpelan a los jóvenes o niñxs en relación con su entorno[3].

Los primeros encuentros con equipamientos, organizaciones, entidades y personas del territorio pueden servir para construir espacios de aprendizajes colectivos sobre asuntos de interés común. La creación de estos vínculos, basados en la confianza y en un conocimiento mutuo, excede las formas y los tiempos habituales del trabajo por proyectos que conocemos. Estos vínculos se activan en momentos de oportunidad o necesidad y se alimentan de forma recíproca y continuada, compartiendo información sobre los procesos que se dan fuera y dentro del centro.

....

3. En esta misma colección se puede encontrar *La tierra bajo mis pies. Caminar como herramienta de aprendizaje*, del colectivo La Liminal, en el que pueden encontrarse multitud de estrategias para organizar el paseo y la deriva como herramienta de aprendizaje.

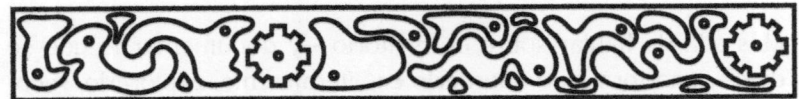

◊ ¿Cómo integrar en los centros educativos las dinámicas y procesos que se dan en el territorio y, al contrario, cómo integrar los procesos que se dan en los centros educativos en el territorio?

◊ ¿Cómo *habitar* los lugares y el territorio?

◊ ¿Cómo compaginar la necesidad de planificación y previsión con la apertura a lo inesperado, la reacción a las condiciones cambiantes del entorno y las propias dinámicas internas de los procesos comunitarios de creación cultural?

◊ ¿Cómo construir en el interior de los equipos docentes la confianza, la motivación y las alianzas para desarrollar y sostener procesos comunitarios a largo plazo?

◊ ¿Qué alianzas son posibles? ¿Cómo evaluar la fuerza de una alianza frente a las dificultades?

◊ ¿Cómo compaginar la dimensión creativa y simbólica de las prácticas culturales con un uso didáctico en el aprendizaje de contenidos curriculares y la adquisición de competencias clave y, al mismo tiempo, además, con la dimensión política-comunitaria de los procesos colectivos de creación?

◊ ¿Cómo afectar y dejar que nos afecte el entorno?

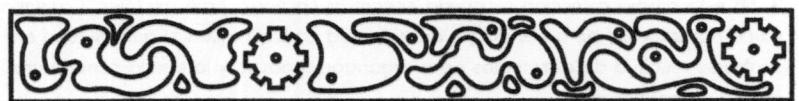

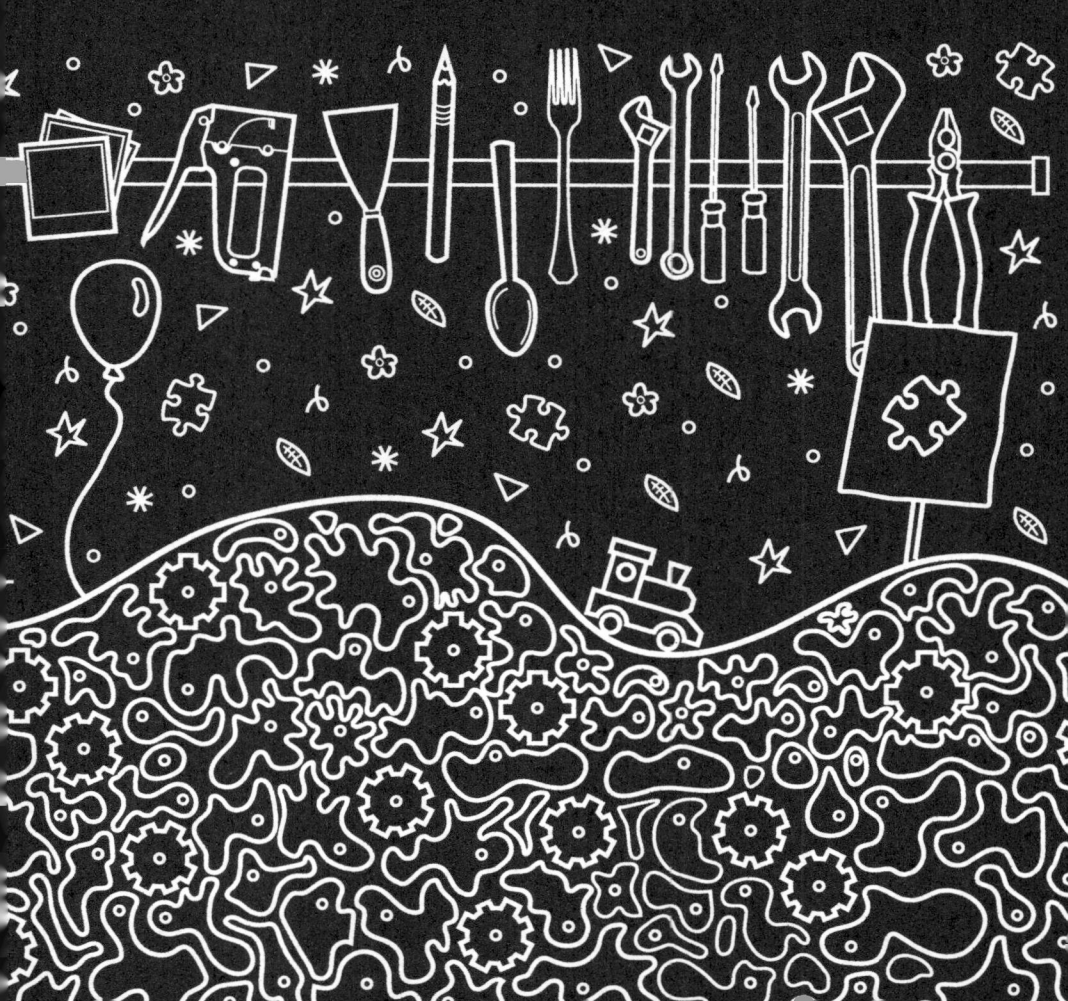

3
PROCESOS

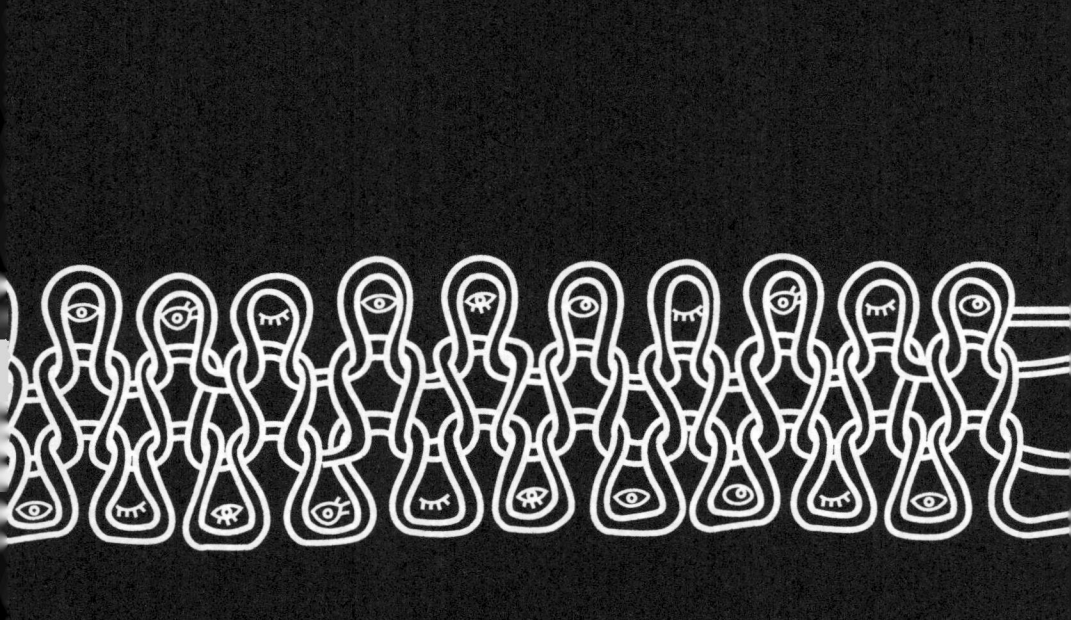

PROCESOS

Hasta el momento hemos hablado recurrentemente de procesos. La temporalidad y la naturaleza cambiante de la realidad han sido siempre objeto de pensamiento. No obstante, podemos afirmar que en tiempos recientes se ha producido un auge de tendencias y corrientes intelectuales que han tomado el proceso como objeto de análisis y, a su vez, como herramienta explicativa, desde campos tan diversos como la sociología, la filosofía, las matemáticas o la ecología. En la propia historia del arte contemporáneo podemos rastrear la presencia de un *arte procesual* que emergería con el arte conceptual en los años 60 e incluso antes, con las primeras vanguardias.

En todo caso, convendría exponer qué entendemos aquí por el término *proceso,* en parte para no fetichizarlo, y no perder de vista la naturaleza de los fenómenos que designa ni su función explicativa. Las definiciones podrían ser innumerables, pero intentaremos dar forma a una que pueda ayudarnos a comprender mejor lo que en este libro tratamos de explicar. Si tomamos como punto de partida los distintos elementos apuntados más arriba, tenemos una serie de actores —individuos, colectivos, organizaciones...—, una serie de haceres que cada uno de ellos pone en práctica, y un lugar, un territorio en el que cada uno de estos actores actúa desplegando dichos haceres. Podemos tomar este conjunto de elementos como una situación. La evolución dinámica de esta situación, considerada en un determinado plazo de tiempo, puede ser entendida como un proceso. *Voilà!*

Esta definición tiene una serie de implicaciones que merece la pena desarrollar ya que, por sí sola, tampoco nos resulta especialmente explicativa. En primer lugar, nos parece importante comprender que las situaciones evolucionan dinámicamente en el tiempo precisamente porque cada uno de los distintos actores involucrados en ellas cuenta con motivaciones, condicionantes, hábitos e intereses propios en función de los cuales empuja la situación en una determinada dirección. En una situación, la dirección en la que empuja cada uno de los distintos actores sociales nunca será plenamente coincidente con la del resto, ni tampoco la "fuerza" con la que cada uno de ellos lo hace. Por tanto, la dirección en la que evolucione dicha situación —el proceso resultante de la acción simultánea de distintos actores en un territorio— puede entenderse como la composición de una serie de vectores con distinta dirección y magnitud.

Este modelo implica que el conflicto es una parte constitutiva, e incluso el motor de los procesos sociales —también de los procesos colectivos de creación cultural y aprendizaje—. Sin embargo, no puede decirse precisamente que el conflicto tenga muy buena prensa. Se asocia con la violencia e, implícitamente, con la imposición de un vencedor y la aniquilación del resto de contendientes. Pero sabemos que, precisamente, es la capacidad de divergir y la diversidad de visiones sobre una misma realidad lo que hace evolucionar las sociedades. La cuestión clave es resolver los conflictos mediante el diálogo y llegando a acuerdos.

¿Por qué utilizamos el término *proceso* en lugar de *proyecto*? Un proyecto suele definirse en función de determinados objetivos. A fin de alcanzar dichos objetivos se planifica una serie de pasos que se ejecutan siguiendo un orden y un método. Puede ser que las personas que definen los objetivos de un proyecto y la manera de alcanzarlos no sean las mismas personas que la ponen en práctica, y es muy habitual que las personas a las que se dirigen los proyectos en tanto que *participantes* tampoco tengan voz y voto a la hora de definir sus objetivos y metodologías. Podríamos decir que, así entendidos, los proyectos no dejan de ser un tipo específico de procesos en tanto que también presuponen una situación que evoluciona dinámicamente en el tiempo. Sin embargo, los procesos que aquí nos interesan son aquellos que, precisamente, permanecen abiertos y que no están definidos de antemano; aquellos procesos cuyos fines y metodologías son objeto de debate durante su desarrollo por parte de los distintos actores implicados en ellos.

Para concluir podemos volver a nuestro ejemplo de la cesta. Para poner en marcha un proceso artístico y de aprendizaje colectivo nos hemos preguntado: ¿qué actores, además del propio centro educativo, se sienten o podrían sentirse interpelados por el hacer cestas?, ¿qué vínculo tiene o podría tener el hacer cestas con el territorio que habitan? A partir de este punto, las posibilidades son innumerables y, en cada contexto, podrán tener derivadas distintas. No obstante, para empezar, podríamos partir de una respuesta provisional a estas preguntas para iniciar un proceso de investigación y creación en torno al hacer cestas e invitar a sumarse a otras entidades o personas, o bien sumarnos a procesos que ya estén en marcha en el territorio, o ambas cosas simultáneamente. Podemos contactar con colectivos de artesanía, entidades que promuevan la cultura gitana y conocer su vinculación con la cestería, colectivos ecologistas para conocer las relaciones ecosistémicas de las plantas de las que se extraen las fibras vegetales, asociaciones de comerciantes o cooperativas de consumo para promover el uso de recipientes sostenibles, etc. Más allá de establecer vínculos exclusivos con cada uno de estos actores, podemos impulsar espacios comunes y momentos de encuentro y colaboración entre todos. Así, por ejemplo, el conocimiento de la tradición canastera del pueblo gitano puede llevarnos a reflexionar junto a nuestros vecinos y vecinas sobre el impacto ecológico de nuestras formas de consumo, o a preguntarnos por la relación entre la producción, los estilos de vida y los ecosistemas. Todo ello a partir de un objeto, la cesta, y una práctica, hacer cestas, así como sus cualidades estéticas y sus funciones culturales. Todo este proceso permite generar igualmente numerosas situaciones de aprendizaje en las que el alumnado pueda desarrollar actuaciones en las que se movilicen múltiples competencias y contribuyan a su adquisición.

En algunas ocasiones se dice que "lo importante es el proceso, y no el resultado". Bueno, como con muchas otras cosas, quizás sea conveniente no caer en disyuntivas. No se trata de elegir entre el proceso o el resultado. De otro modo, podemos entender que el producto de nuestras acciones —en el ejemplo que venimos utilizando, las cestas que hayamos podido crear— no es tanto un resultado final, algo que concluye y cierra el proceso, como un elemento más que lo desarrolla, y nos permite ampliarlo y profundizar en él. Con este enfoque, podemos preguntarnos qué funciones pueden tener las cestas que hemos creado, dentro y fuera de la escuela, qué impacto han tenido las investigaciones que hemos desarrollado en torno a las fibras vegetales y su uso, qué relatos e imágenes se han puesto en circulación a partir de este proceso y a qué otras acciones pueden dar pie. O, de otra manera, podemos plantearnos la posibilidad de desarrollar el trabajo con fibras vegetales en producciones de otro tipo. Por ejemplo, podemos construir con mimbre vivo un elemento de juego en la plaza del barrio o del pueblo, a partir del cual desarrollar experimentos en torno a la arquitectura, el urbanismo, la escultura o los usos sociales del espacio público.

EJEMPLO PRÁCTICO 4
Bellvitge rol en vivo - Instituto Bellvitge

↘ Dónde:
Barrio de Bellvitge. L'Hospitalet de Llobregat

↘ Quién:
- LaFundició
- Asociación de Vecinos de Bellvitge
- Centro de Estudios de L'Hospitalet
- Necronomicon's, Club de rol de L'Hospitalet
- Instituto Bellvitge
- Grupo de Promoción de la Mujer de la Parroquia Mare de Déu de Bellvitge
- Grupo de teatro amateur Bellgrup

↘ Qué:
Proyecto artístico colaborativo que se plantea como una investigación histórica que, a su vez, se concreta en la creación colectiva de un juego de rol en vivo ambientado en la historia del barrio de Bellvitge en L'Hospitalet.

Bellvitge es uno de los polígonos de vivienda más emblemáticos del desarrollismo franquista. Construido en los años 60 sobre terrenos agrícolas en la plana del río Llobregat, acogió a una gran cantidad de población migrada de otras zonas de Cataluña y del resto del Estado español. Su arquitectura respondía inicialmente a los intereses de la incipiente especulación inmobiliaria del momento. Grandes bloques de pisos se levantaron en muy poco tiempo sin servicios ni infraestructuras adecuadas. La movilización vecinal en los años siguientes consiguió paliar estas deficiencias en gran medida y poner freno a la construcción desaforada. Este es el relato fundacional del barrio que, sin dejar de ser estrictamente cierto, mantiene fuera de la narración muchos otros elementos que también influyeron en el devenir del barrio. Este encuadre, además, no es fortuito ni inocuo, ya que sobre él se construyen las relaciones de poder que han marcado la historia del barrio hasta hoy.

♂ Arte contemporáneo, espacios comunitarios y crítica de los discursos hegemónicos en Bellvitge

En 2013 la Asociación de Vecinos de Bellvitge y el Centro de Estudios de L'Hospitalet (CELH) lanzaron una convocatoria para formar una comisión de trabajo, a la que nos sumamos, para organizar los actos conmemorativos del 50 aniversario del inicio de la construcción del barrio, que se cumplirían en 2015. Desde las primeras reuniones de la comisión pudimos observar que el relato dominante sobre la formación del barrio seguía copando la representación de la memoria, aquello que merecía la pena ser recordado, y dificultaba la emergencia de perspectivas críticas o simplemente alternativas.

Por poner un único ejemplo, la crítica al carácter patriarcal del relato se percibía como un cuestionamiento de la valía e importancia histórica de sus protagonistas. El relato de las luchas vecinales invisibiliza en muchas ocasiones el papel de las mujeres en las movilizaciones. Muchas manifestaciones y acciones de protesta eran protagonizadas mayoritariamente por mujeres, dado que los hombres acudían a los centros de trabajo. Pero más allá de este hecho y desde una perspectiva feminista, nuestro interés se focalizaba también en la influencia de la división sexual del trabajo en la evolución histórica del barrio. Barrios como Bellvitge eran considerados —y todavía lo siguen siendo en ocasiones— "ciudades dormitorio". Este apelativo denota a las claras la perspectiva patriarcal de la que hablábamos, ya que se centra en la esfera del trabajo productivo en tanto que eran los hombres quienes volvían a los barrios para dormir tras finalizar la jornada de trabajo en la fábrica. Mientras tanto, por lo general, las mujeres hacían su vida en el barrio, no solo asumiendo las tareas de cuidados necesarias para reproducir la fuerza de trabajo, sino también construyendo el tejido social del barrio, ya fuera en espacios informales —la calle, el mercado, la salida de la escuela...— o en las primeras expresiones del incipiente movimiento vecinal y asociativo. Más invisible aún permanecía el relato de las mujeres que, además del trabajo doméstico, se integraron también en la producción como fuerza de trabajo externalizada, casi siempre en condiciones de extrema precariedad, sin garantías sociales y sin posibilidad de organizarse colectivamente. En su momento estas formas de trabajo y explotación fueron ignoradas por la prensa, las ciencias sociales y por las corrientes principales del movimiento obrero, de modo que no se hizo ningún esfuerzo por estudiarlas y luchar por la mejora de las condiciones laborales de estas mujeres.

Tal vez parezca que, una vez más, volvemos a divagar y alejarnos de lo que se debería tratar aquí; de nuevo intentaremos ligar lo dicho con el hilo del libro: una de las virtudes del arte contemporáneo es quizás su capacidad para conducir nuestra mirada hacia aquellas cosas que están en los márgenes o por fuera de la representación. Más aún, el arte tiene también la capacidad de hacer que cambiemos nuestro punto de vista, el lugar desde el que miramos las cosas. El arte podría servirnos para mirar más allá de lo que queda en el centro del encuadre o de lo que no se cuenta en absoluto. Para el caso que nos ocupa, el papel de las mujeres en los movimientos sociales de Bellvitge, la historia del trabajo reproductivo y de cuidados o del trabajo productivo externalizado al ámbito doméstico, realizado también por mujeres[4]. El pensamiento crítico es una de las competencias clave del currículo educativo, lo que implica adquirir la habilidad de identificar sesgos y considerar diferentes perspectivas, entre otras cosas —que es justo de lo que estamos hablando—. Por último, las historias que nos contamos las personas unas a otras, ya sea en una conversación informal en la calle, con palabras escritas en un libro, con imágenes en una película o de cualquier otro modo, forman parte de nuestra cultura común y, como hemos dicho también anteriormente, condicionan y moldean nuestro comportamiento, nuestras preferencias, valores y aspiraciones. Los imaginarios que se han

4. Uno de los pocos trabajos existentes sobre esta temática es el documental *Las Pieceras: trabajo extra-doméstico S. A.*, realizado por el colectivo Territoris Oblidats: https://www.territorisoblidats.org/actions/las-pieceras-documental/?lang=es.

creado y las historias que se han contado sobre Bellvitge han tenido consecuencias concretas y reales en la vida de quienes lo
habitan. ¿Qué imaginarios y qué historias se producen y se ponen
en circulación en la escuela y su entorno? ¿De qué manera los
integrarán en su vida las personas que pasan por ella?

Una de las escenas de "Bellvitge rol en vivo", titulada "Los trabajos
y los días", se centraba precisamente en esta cuestión del trabajo
desde una perspectiva feminista. Parte de su narrativa y ambientación se crearon con la colaboración del Grupo de Promoción de
la Mujer de la Parroquia Mare de Déu de Bellvitge, formado por
mujeres adultas mayores, vecinas del barrio (fig. 31). Preguntadas
sobre su vida y su relación con el trabajo, doméstico o no, muchas
de ellas preguntaron a su vez qué interés podía tener para nadie
ese relato.

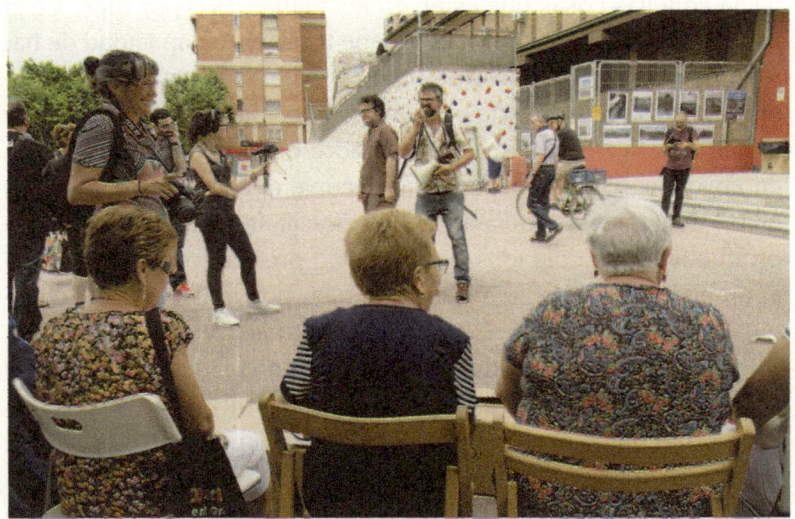

Fig. 31. Un momento durante la partida de "Los trabajos y los días".

Poner en el centro de la historia el trabajo de cuidados y la reproducción social comportaba trastocar el relato sobre el que
se asentaba la identidad del barrio. Perturbar una determinada
visión de la realidad puede ser percibido como un ataque a las
figuras y los valores instituidos, de manera que genera siempre

resistencias y conflictos —incluso por parte de aquellos individuos y colectivos a los que dicha visión de la realidad coloca en una posición subalterna—. No obstante, la crítica y el conflicto no deberían entenderse como dinámicas destructivas, sino al contrario, como un motor de los procesos comunitarios y de creación colectiva. Volveremos sobre este punto más adelante. Conviene señalar esto ya que los procesos comunitarios de creación no solo conciernen al alumnado o a la comunidad educativa. Al contrario, lo que se persigue es involucrar a una trama extensa de distintos actores sociales que pueden adoptar posiciones y visiones divergentes del territorio y su historia.

De la comisión de trabajo para la celebración del 50 aniversario de Bellvitge surgieron dos propuestas concretas: la edición de un libro y la producción de una exposición, ambas muy en línea con el relato hegemónico de la historia del barrio y lideradas por figuras reconocidas como expertas dentro del grupo. Después de numerosas reuniones vimos que nuestro posicionamiento no tendría encaje en estas iniciativas y que no sería posible llegar a consensos suficientemente satisfactorios para ninguna de las partes. Dentro de la comisión se habían ido estableciendo liderazgos, alianzas y desencuentros en base al grado de afinidad ideológica, reconocimiento mutuo y confianza entre las personas que sostenían distintas posiciones, y en aquel momento los debates y deliberaciones parecían definitivamente estancados. Viendo que nuestra capacidad de influir y afectar al proceso era muy reducida, tomamos la decisión de probar una nueva estrategia. Propusimos una tercera acción conmemorativa que impulsaríamos nosotras. Esta propuesta debería poder integrar aportaciones muy diversas de vecinos y vecinas a la memoria del barrio, tomar en consideración la memoria cotidiana y no únicamente grandes acontecimientos y movilizaciones, y estar fundamentada en una metodología de trabajo abierta y flexible, que permitiera incorporar en cada momento nuevas aportaciones. La propuesta fue organizar un juego de rol en vivo basado en la historia de Bellvitge.

♂ ¡A jugar!

El rol en vivo se define como "una modalidad de juego de rol en la que los participantes representan físicamente a sus personajes. Los jugadores persiguen objetivos dentro de un escenario ficticio representado por entornos del mundo real mientras interactúan entre sí manteniéndose en sus personajes. El resultado de las acciones de los jugadores puede estar mediado por las reglas del juego o determinado por consenso entre los jugadores. Los organizadores de los eventos, llamados *gamemasters*, deciden el escenario y las reglas que se utilizarán y facilitan el juego" (Tychsen, Anders, 2006). A diferencia de los juegos de rol tradicionales o de mesa, en el rol en vivo los jugadores deben llevar a cabo sus acciones en lugar de declararlas. Explicado de forma sencilla, los jugadores de rol en vivo actúan, se mueven, hablan y representan su personaje como un actor sobre un escenario, solo que sin un guion previo. Las personas jugadoras pueden moverse libremente por el escenario del juego —que en "Bellvitge rol en vivo" era el propio barrio— siempre y cuando respeten la coherencia del universo narrativo en el que evolucionan. Para que esto sea posible, los *gamemasters* supervisan el desarrollo narrativo del juego y controlan a los personajes no jugadores (PNJ) que pueblan el mundo de ficción del juego e interactúan con los personajes jugadores (PJ)[5].

Las personas que crean el juego deben proporcionar a las jugadoras unos personajes coherentes con la ambientación del
....

5. En los juegos de rol, un PJ es el avatar creado y controlado por las personas participantes en la narrativa interactiva. Los PJ son los protagonistas de la historia, y las personas jugadoras toman decisiones en su nombre, afectando el curso de la trama del juego. En los juegos de rol en vivo el avatar es encarnado físicamente por la persona jugadora. Por el contrario, un PNJ es un personaje controlado por la persona que narra la partida (máster) o por el sistema del juego. Estos personajes pueden ser aliados, enemigos o simplemente elementos de la historia que interactúan con los personajes jugadores. En nuestro juego de rol en vivo los PNJ gozaban de un alto grado de autonomía, lo que hacía las partidas más caóticas y divertidas. A pesar de esto, las personas jugadoras se mantenían en el personaje durante toda la partida y, desde su propio bagaje personal y conocimiento, interactuaban de manera creativa a la vez que coherente con las narrativas y los escenarios propuestos.

propio juego y con la trama narrativa de cada partida, personajes dotados de una personalidad y unas cualidades propias que pueden evolucionar en función de las decisiones y acciones de las jugadoras.

De este modo, la historia que se *performa* en cada partida de un juego de rol en vivo es diferente a las demás y cada participante tiene una experiencia y una comprensión del universo de ficción y de la trama narrativa de la partida distinta en función del rol que encarne. Dicho de otro modo, en un juego de rol se *performan* tantas historias como personas lo juegan. Contrariamente al teatro, en el que un público indiferenciado mira hacia un escenario en el que se *representa* una única historia, igual cada vez.

La creación colectiva de un juego de rol exige emplear numerosas competencias, particularmente lingüísticas, sociales y de aprender a aprender. Así mismo, en función de la temática y la ambientación del juego, se puede incorporar al proceso de creación cualquier contenido curricular. Por otro lado, crear o participar en un juego de rol requiere emplear técnicas literarias —redacción de la trama narrativa, creación de la ambientación del juego—, de interpretación y de diseño y producción escenográficas.

Puede que un juego de rol en vivo no sea visto como una obra de arte. ¿Debe importarnos realmente esto? Se trata innegablemente de una práctica cultural en la que se emplean numerosos recursos y estrategias creativas. Por otro lado, dentro del campo instituido del arte contemporáneo encontramos a artistas como Ana María Millán o Brody Condon que han recurrido al *rol play* como medio de investigación artística, utilizando sus mecanismos y temáticas como material conceptual y formal. En los años 90 surgió en los países nórdicos una tendencia conocida como *Nordic LARP* (acrónimo de *live action role-playing*), que se aleja de las temáticas de fantasía habituales en los juegos de rol para centrarse en narrativas sobre cuestiones psicológicas, morales y políticas.

β ¡Manos a la obra!

De entrada, ninguna de nosotras había participado nunca en un juego de rol ni tenía conocimiento de cómo se organizaba una partida, así que lo primero que pensamos fue en investigar si en la ciudad existía algún club de rol. Así encontramos a Necronomicon's, el Club de rol de L'Hospitalet, para que nos ayudaran a pensar cómo crear un juego de rol en vivo ambientado en la historia de Bellvitge. Simplemente, si no se sabe cómo hacer algo se puede buscar en el entorno próximo a quién sepa hacerlo, y colaborar con esa persona o colectivo.

El juego se dividió en seis escenas que correspondían cada una a un momento o evento histórico del barrio. Como en cualquier otro juego, una misma escena podía ser jugada en múltiples ocasiones. En tal caso, cada partida de una misma escena tendría el mismo hilo argumental y la misma ambientación, pero sería diferente a las anteriores partidas en tanto que sus jugadores podrían actuar de maneras diferentes cada vez —siempre que fuese, como decíamos, coherente con el universo narrativo propuesto—. Cada uno de los eventos históricos seleccionados nos sirvió como pretexto para abordar aquellas temáticas que queríamos introducir en la conversación colectiva, más allá del relato que habitualmente se reproducía sobre los orígenes y la evolución del barrio. Las seis escenas abarcaban desde el año 1969 hasta un futuro hipotético del barrio en una escena final ambientada en el año 2065.

Una vez definida esta estructura iniciamos el proceso de investigación participada. Cabe tener en cuenta que el desarrollo de todo el proceso, desde la propuesta inicial hasta jugar la última partida, tuvo una duración de dos años. Durante todo ese tiempo, en esta ocasión, nos encargamos de impulsar la investigación histórica, coordinar la creación de las escenas, así como la organización y producción de las partidas. En un proceso similar impulsado desde una escuela o un instituto o podría ser el propio alumnado, con el soporte del profesorado y la colaboración de las familias u otras entidades del entorno, quienes desarrollasen estas distintas fases y funciones.

En nuestro caso, para cada una de las escenas contactamos con diferentes personas y entidades que colaboraron en todas estas tareas en diferentes momentos y con diferentes grados de intensidad e implicación. Una de esas entidades fue el Instituto Bellvitge, uno de los centros públicos de educación secundaria del barrio. La elaboración de cada escena requería definir la trama argumental —que no un guion— y la acción que funcionaba como desencadenante del juego durante las partidas. Así como una ambientación y una contextualización histórica. Una parte esencial del trabajo para definir la trama argumental consistía en definir los PJ y los PNJ de cada escena.

Para crear la trama argumental y la ambientación era necesario acudir a diferentes fuentes para documentarse, entre ellas especialmente a fuentes orales, que fueron los propios vecinos y vecinas del barrio. Parte de esta documentación se socializó de diferentes maneras: exposiciones, vídeos de las entrevistas realizadas a testimonios o una publicación, por ejemplo. Por otro lado, y es muy importante destacarlo, esta labor creativa y de investigación se desarrolló de manera *dialógica* durante el propio proceso de producción de las partidas.

La ambientación de las escenas se traducía durante las partidas en una localización, un vestuario y un atrezo convenientes. La mayoría de partidas se localizaron en los escenarios reales del barrio en los que habían sucedido los hechos históricos que se reinterpretaban durante estas, o hechos que, plausiblemente, podrían haber acontecido.

↗ La conversación como investigación: Colaboración con el grupo de mujeres de la parroquia Mare de Déu de Bellvitge

Por ejemplo, la escena titulada *Perros callejeros* se produjo en colaboración con el grupo de mujeres mayores adultas vinculadas a la parroquia del barrio. Durante las sesiones de preparación de la correspondiente partida, en la que posteriormente participaron como personajes jugadores y no jugadores, se entablaban conversaciones y se debatía sobre el tema de la escena del juego, sobre cuál debía ser la trama argumental y qué personajes debían desenvolverse en la ambientación propuesta.

La escena del juego, y la subsecuente partida, se ambientaba en el día del estreno en Bellvitge de la película *Perros callejeros*, una de cuyas escenas más icónicas se rodó precisamente en el barrio, junto al mismo cine Lumière en el que poco más tarde se proyectó (fig.32). Este momento de la historia del barrio servía como pretexto y trasfondo para abordar cuestiones como la explosión de actividad social y cultural en Bellvitge tras el final de la dictadura, la inmediata crisis económica y la irrupción de la droga en el barrio, la estigmatización de las periferias urbanas y las clases populares en los medios o la aplicación de las primeras políticas sociales en democracia y el modo en que afectaron a las formas de organización y socialización en los barrios obreros.

Haremos un inciso sobre el desarrollo de la colaboración con este grupo de mujeres para ofrecer un ejemplo claro de la complejidad y trascendencia de los asuntos que podemos abordar a través de un proceso de creación artística.

Todas estas mujeres habían vivido la epidemia de la heroína en el barrio, en algún caso muy de cerca, un período que abarca desde finales de los años 70 hasta principios de los 90. Este momento personal, social e histórico del barrio era vivido como una experiencia traumática, en parte como resultado de la estigmatización y criminalización sufrida durante esa época por el barrio en su conjunto y por las personas que lo habitaban. Como cualquier otra experiencia traumática, su recuerdo era reprimido tanto en el relato biográfico individual como en la historia colectiva. Por eso, como es de prever, ninguna de las participantes en el grupo se mostró, de entrada, predispuesta a hablar del tema. Se utilizaban eufemismos y se elidían ciertas partes muy significativas en el relato de algunos hechos. Del mismo modo, los años en que la droga irrumpe en el barrio se obviaban en el relato histórico colectivo de Bellvitge, que prácticamente se daba por acabado a finales de los años 70, una vez alcanzada la democracia. Posteriormente, el rechazo a tratar la cuestión de la droga tuvo consecuencias tangibles en el barrio: por un lado no hizo posible un proceso colectivo de duelo ni de reconocimiento a las víctimas, y por otro impidió que se analizara colectivamente cuáles fueron las causas estructurales del fenómeno, común en la época a muchos barrios de las periferias urbanas en todo el Estado español.

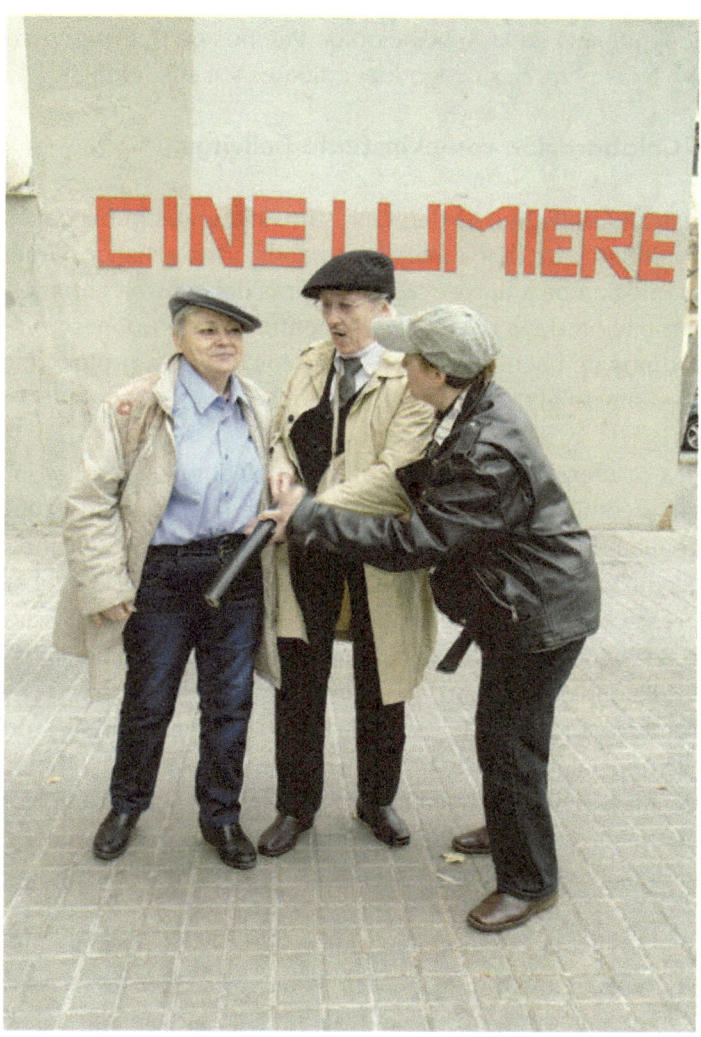

Fig. 32. Momentos durante la partida de "Perros callejeros".

Tras varios encuentros y conversaciones con el grupo empezaron a aflorar estos temas y se pudieron abordar por el grupo de manera empática y reparadora. Del mismo modo, a través del juego de rol y su preparación se pudo abordar la delincuencia y la droga, fenómenos sociales que tuvieron una de sus múltiples causas en el altísimo grado de paro juvenil. Una de las figuras históricas que este proceso permitió rescatar del olvido fue la de Josefa Aigé, vecina de Bellvitge que impulsó la creación de la Vocalía de Drogodependencia de la Asociación de Vecinos de Bellvitge para dar apoyo a las personas drogodependientes y a sus familias.

⌀ Colaboración con el Instituto Bellvitge

El Instituto Bellvitge, es uno de los dos institutos públicos del barrio y el único de L'Hospitalet con bachillerato artístico. Gracias a que conocíamos a una de las profesoras del centro contamos con la aprobación de la dirección del centro para proponer a uno de los grupos de bachillerato artístico a los que esta profesora daba clase sumarse al desarrollo del juego.

En las primeras sesiones de trabajo hablamos sobre los juegos de rol y compartimos la ambientación de la escena en la que les proponíamos colaborar. Se trataba de una escena que titulamos "Los embajadores de Bellvitge", ambientada en 1969. Aquel año la empresa constructora de los bloques de Bellvitge, CIDESA, sorteó entre los vecinos y vecinas cuarenta viajes "turístico-sociales" por varias ciudades del centro y sur de España que visitaron en calidad de "embajadores" del barrio, tal como lo contaba en su crónica/publirreportaje el diario *La Vanguardia Española* en su edición del 23 de julio de 1969. Esta embajada fue recibida por las autoridades y habitantes de estas ciudades con quienes debían estrechar lazos y a quienes explicarían las bondades de vivir en Bellvitge.

En cada partida del juego se entregaba a cada participante una ficha con las características básicas de su personaje, ya fuera un personaje jugador o no jugador. Cada ficha incluía datos básicos, características y destrezas del personaje, así como una breve biografía y una misión. La misión era uno de los campos más importantes de la ficha, ya que ofrecía a cada persona jugadora la motivación para emprender acciones e interactuar con el resto.

La propuesta de trabajo con el alumnado del Instituto Bellvitge fue la de redactar las fichas de esta escena. Para ello hubieron de investigar las fuentes documentales y también realizar entrevistas a familiares o amigos que hubieran conocido el barrio en el año 1969. Además, el grupo produjo parte del atrezo utilizado durante la partida, como el autocar que transportaba a los embajadores por las diferentes ciudades o el obsequio que entregaban a las autoridades locales que allí les recibían.

Una vez finalizado el proceso de trabajo en el instituto, y a partir de ese primer contacto, un pequeño grupo de las alumnas que había participado se acercó al local de LaFundició, situado en el mismo barrio de Bellvitge. Buscaban un sitio en el que poder estar y pasar su tiempo de ocio, y a la vez mostraban curiosidad por lo que allí sucedía. Paulatinamente se fueron implicando en la preparación de otras escenas del juego, particularmente en la creación de distintos elementos de atrezo y vestuario. Durante esos momentos se conversaba informalmente sobre muchas cosas, entre ellas sus experiencias en el instituto o su propia visión del barrio. Señalamos esta conexión para destacar cómo los procesos comunitarios pueden tener derivadas imprevistas y dar pie a nuevas tramas de las que también pueden formar parte la infancia y las personas jóvenes. ¿De qué manera se relacionan los centros educativos con esas tramas y cómo participan de las relaciones que se dan en su interior? Podemos decir que esta es una tarea cotidiana e invisible la mayoría de las veces, que tiene que ver más con la acción de cuidar que con la de producir.

⁒ Tramas y urdimbres

La experiencia de "Bellvitge rol en vivo" nos sirvió para ensayar procesos de creación en red en el territorio de los que aprendimos enormemente. A lo largo de los dos años durante los que se desarrolló el proceso colaboraron regularmente el Club de Rol Necronomicon's y el grupo de teatro *amateur* Bellgrup, puntualmente en diferentes escenas y partidas del juego colaboraron numerosas vecinas y vecinos a título individual, colectivos informales y entidades como el Grupo de Teatro Imaginari i Altres Fantasmes, el Grupo de Promoción de la Mujer de la Parròquia Mare de Déu de Bellvitge, la Asociación de Vecinos de Bellvitge, la Escuela de Música Amigos de la Música de Bellvitge, el Instituto Bellvitge, Akelharre Jove, el Memorial Democràtic SEAT, el Mercado Municipal de Bellvitge o la asamblea de barrio SOS Cal Trabal.

Durante un proceso como este se movilizan incontables vínculos y afectos, y se comparten conocimientos y saberes con un gran potencial educativo, tanto en el desarrollo del currículo como en la formación integral del alumnado. Entendemos que esta formación integral pasa por una participación real en la vida pública de su entorno y por su implicación en los asuntos comunes, cosa que un proceso como "Bellvitge rol en vivo" propiciaba. Sin embargo, toda esa red de colaboraciones y la movilización de esas energías colectivas no se consolidó más allá del proceso.

Experiencias como la de "Bellvitge rol en vivo" han servido como aprendizajes para desarrollar otros procesos de trabajo en los que la propia construcción de una red de colaboración y apoyo mutuo es una parte integral. La producción de representaciones y relatos sobre el propio entorno a través de prácticas artísticas puede proporcionar a toda la comunidad un conocimiento profundo del contexto o, cuando menos, un tiempo compartido de diálogo y debate. Implicar en estos procesos a actores no directamente dedicados a la práctica cultural no solo permite integrar conocimientos diversos, sino también relacionarlos con prácticas sociales y materiales —el ejercicio de derechos individuales y colectivos, el acceso a los recursos o su relación con los ecosistemas, por ejemplo—. Concretando más, podemos colaborar con diversas entidades sociales en proyectos de creación artística relacionados con los derechos de distintos colectivos —en particular con los derechos de la infancia, la adolescencia y la juventud—, con derechos fundamentales, con el acceso a bienes materiales como la vivienda, la alimentación, la energía, la información, etc., con el urbanismo y la planificación del territorio, con la conservación de espacios naturales, la biodiversidad, etc. El objetivo de conjugar estas prácticas culturales, sociales y materiales es, como venimos diciendo, construir espacios comunes de socialización y organización colectiva a los que la escuela puede aportar conocimientos, experiencia organizativa e infraestructuras y al mismo tiempo recibir nuevos saberes y prácticas que integrar en su proyecto educativo, en diálogo con el currículo, recursos humanos en forma de redes de colaboración y recursos materiales que pueden ser aportados por otros equipamientos, entidades o colectivos.

⁄𝒪 Transferencia de conocimientos. Afectar y dejarse afectar

Uno de los objetivos del sistema educativo es propiciar aprendizajes significativos para la vida de las personas. A pesar de los esfuerzos por incorporar la diversidad a los planes de estudio, el currículo tiende a homogeneizar los conocimientos que se producen y transmiten en la escuela. Los proyectos comunitarios de creación artística y cultural pueden fomentar un marco de diálogo que sea un reflejo de la diversidad de la comunidad, de formas de ver el mundo distintas a las que el sistema educativo refrenda.

¿Qué sucede en aquellas escuelas que se encuentran en barrios o entornos con una gran diversidad cultural? ¿Cómo aborda el currículo dicha diversidad? ¿Cómo se incorpora la mirada, la experiencia y los hábitos culturales de los niños y jóvenes al entorno educativo institucionalizado? La vinculación con el entorno representa una oportunidad para poner en práctica una de las capacidades clave del actual currículo, la de aprender a convivir, sin dejar por ello de examinar críticamente aquellos puntos en los que el sistema educativo reproduce una visión dominante del mundo.

Establecer espacios y mecanismos que posibiliten una transferencia de conocimientos en múltiples direcciones —de docentes a alumnado, entre el alumnado, del alumnado a los docentes, del alumnado al resto de la comunidad, de esta hacia la escuela, etc.— es fundamental para reconocer aquellos saberes que están fuera de los marcos académicos y que la comunidad puede considerar relevantes.

En actitud de escucha activa, durante nuestras exploraciones y en las conversaciones que generemos durante y después de estas, podremos detectar saberes, conocimientos o prácticas individuales o colectivas presentes en el territorio.

Pueden ser saberes y prácticas colectivas, organizadas por instituciones —por ejemplo, en nuestro entorno más o menos próximo podemos encontrar museos, bibliotecas, centros culturales y cívicos, auditorios, teatros, centros de interpretación natural o etnográfica, etc.—, organizaciones —que pueden ser asociaciones dedicadas a la promoción de actividades artísticas y culturales, sociales, activistas, lúdicas, deportivas o vecinales— o por grupos informales —grupos de personas que comparten la afición por una determinada práctica sin estar por ello legalmente constituidos como entidades: personas que cultivan huertos informales, recolectan algún producto natural, practican algún juego, deporte o actividad física, se reúnen en espacios públicos para bailar o escuchar música, etc.—. Este último grupo es, evidentemente, el más difícil de conocer si no se explora el territorio ya que, al contrario que con los otros dos, no existe ningún registro formal o directorio de referencia.

Las culturas juveniles son un campo a explorar e investigar colectivamente. La industria cultural, mediatizada por dispositivos y entornos digitales, tiende a individualizar el consumo de sus productos. No obstante, las personas, también los jóvenes, tendemos a socializar nuestras preferencias culturales, a compartir con otras personas nuestros gustos y pasiones. La cultura pop ofrece una infinidad de recursos estéticos y, a la vez, un enorme campo de investigación sobre la representación y los arquetipos que sirven de referencia a los jóvenes a la hora de construir su subjetividad.

Entendemos por *cultura pop* aquellas manifestaciones culturales producidas desde arriba por la industria cultural y distribuidas masivamente a través de los medios de comunicación. No obstante, cabe tener en cuenta que el complejo cultural-industrial extrae de entornos genuinamente populares parte de su repertorio formal. Esta relación extractivista resulta de la necesidad de renovar continuamente su oferta y alimentar el consumo cultural. Analizar este tipo de relaciones entre la industria cultural y las culturas juveniles y populares es un ejercicio necesario para entender de qué manera se produce la subjetividad de las personas jóvenes en la actualidad.

Cabe hacer especial mención al tejido económico del territorio como una esfera en la que también se ponen en juego saberes y prácticas colectivas. Ya sea en empresas que producen bienes o servicios, o en el comercio local. Particularmente, en el pequeño comercio y los mercados municipales, además de realizarse la actividad propiamente mercantil, se socializa, se dan encuentros y se intercambia información.

En los procesos de trabajo desarrollados por el área de Mediación Comunitaria de la Fundación Museos de Quito en colaboración con las vendedoras del Mercado de San Roque (véase más arriba) es fundamental el reconocimiento de los saberes de las *hierbateras*, mujeres que conservan el conocimiento ancestral de la medicina natural de raíz andina, y la colaboración con ellas. Como explicábamos, parte de este conocimiento se trabajó en colaboración con la escuela intercultural bilingüe del mercado para crear un calendario agrícola andino, un diccionario quechua y juegos para conocer las plantas medicinales. Las ilustraciones que acompañaban estos materiales didácticos fueron bordadas. Gran parte de las mujeres del mercado, que llevan a sus hijos a la propia escuela intercultural, son de nacionalidad puruhá, un pueblo originario para el que el bordado tiene un significado cultural especial. Así pues, la utilización del bordado tiene como objetivo reivindicar la relevancia cultural de un hacer *subalternizado*, en tanto que ha sido relegado al ámbito doméstico y al que no se reconoce su valor estético, en este caso, por un doble estigma: por ser una práctica feminizada y, además, por estar asociada a las culturas populares e indígenas.

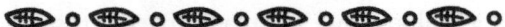

En nuestro contexto, entre los actores que encontramos en la esfera económica es interesante destacar aquellos que se encuadran en la economía social y solidaria (ESS). Entre otros motivos, porque muchas empresas de la ESS cuentan con objetivos sociales que van más allá de la mera comercialización de bienes o servicios. No hablamos de responsabilidad social corporativa, sino de una actividad económica que, en su planteamiento y desarrollo, se dirige a objetivos de justicia social y medioambiental. Tanto en entornos rurales como urbanos podemos encontrar proyectos de ESS asociados a la agroecología, la movilidad sostenible, los feminismos, la cultura, la tecnología, etc. con los que colaborar.

Volviendo a la enumeración y clasificación de los actores que podemos encontrar en nuestra exploración del territorio, no solo encontramos organizaciones o colectivos, también podemos encontrar prácticas y saberes conservados por individuos, ya sea por tratarse de prácticas o saberes minoritarios o "excéntricos" que no comparten con otras personas en su entorno próximo, o por tratarse de saberes y prácticas que se consideran obsoletos. En este segundo caso es habitual encontrar a personas adultas mayores que conservan un acervo vinculado a las economías, las ecologías y los estilos de vida rurales. Este es el caso de muchas artesanías, dedicadas a la fabricación de distintos enseres y aperos empleados, a su vez, en diversas tareas productivas y reproductivas.

Una mención especial requieren todas aquellas actividades destinadas al sostenimiento de la vida: cocinar, limpiar, reparar, cuidar... Actividades que son imprescindibles para la reproducción social pero que, sin embargo, han sido expulsadas de la esfera pública y la economía, feminizadas e invisibilizadas. Hablamos de actividades cotidianas y ordinarias, que pasan desapercibidas y a las que no se les da la importancia que tienen. Actividades que requieren poner en práctica múltiples habilidades y conocimientos, y que también tienen un carácter creativo y una dimensión cultural. A pesar de que las sociedades occidentales han relegado estas actividades al ámbito doméstico y de la familia, se trata de actividades con profundas implicaciones culturales e importantes efectos en las comunidades. Colectivizar estos actos cotidianos e incorporar a las personas que los realizan diariamente a procesos comunitarios de creación cultural puede proporcionar un terreno fértil para investigar sus connotaciones culturales y simbólicas, al tiempo que reflexionamos, desde una perspectiva feminista, sobre la desigual distribución de las tareas de cuidado.

Tomemos por ejemplo la acción de cocinar. Preparar una comida colectiva puede ser una ocasión para investigar sobre las consecuencias ecológicas y sociales de los distintos modos de producción de alimentos, sobre la impronta cultural de determinados productos o recetas en el territorio, así como un campo de experimentación estética, a través de los sentidos y la simbología de los alimentos. A su vez, el acto de preparar la comida y consumirla colectivamente, en un espacio común y no en la esfera privada, puede constituir una ocasión para la convivencia y la socialización, en la que se integren otras prácticas culturales y simbólicas: el baile, la música o la *performance*.

Por último, podemos detectar saberes, conocimientos y prácticas imbricadas de manera aún más informal e imperceptible. Costumbres, hábitos y códigos morales que estructuran determinados comportamientos de los miembros de una comunidad o de las personas que habitan un territorio. Puede darse el caso de que estas personas no quieran compartir esos códigos con el profesorado, precisamente por tratarse de un actor externo y representativo de una autoridad institucional. La posibilidad de romper estas barreras depende precisamente de la capacidad de la institución para situarse en una relación de diálogo y cooperación con las comunidades.

En última instancia es fundamental que la escuela afecte y se deje afectar por su entorno. Solo de esta manera pueden los haceres y saberes ajenos al contexto escolar entrar a formar parte de diálogos y procesos que sean significativos para todas las personas y colectivos que participen en ellos. En muchos casos este proceso requiere desmontar estereotipos y prejuicios. También requiere tomar conciencia de los mecanismos de poder que operan en el contexto en el que trabajamos, en la relación entre la infancia y las personas adultas, entre profesorado y alumnado o entre los saberes escolares y los saberes de la calle.

✍ Construir espacio de gobernanza compartida

Iniciar un proceso de trabajo con la comunidad implica abrir espacios de debate y decisión colectiva sobre estos mismos procesos con otros agentes del territorio.

Es importante pensar en qué espacios y quienes van a compartir la evolución del proceso, cómo se van a tomar las decisiones y cómo hacer una rendición de cuentas continua que permita incorporar distintas miradas, o modificar los caminos inicialmente planificados.

Como actores externos a los centros educativos, que participamos de las tramas comunitarias de un territorio, cuando trabajamos con escuelas o institutos, intentamos que tanto el punto de partida como el desarrollo del proceso se vaya compartiendo, en la medida de lo posible, con la mayor parte de la comunidad dentro y fuera de la escuela. El proceso varía si el liderazgo recae en el centro educativo o si este se suma a una dinámica impulsada e iniciada por otros grupos.

Cuando es la escuela quien inicia el proceso, es importante disponer canales, espacios o estructuras para compartirlo y facilitar la implicación de todas las personas que lo deseen, tanto de dentro como de fuera de la comunidad educativa.

En este sentido, la comunicación es fundamental. Explicar y compartir lo que se está haciendo, en la web del centro, con notas informativas para las familias, en un espacio físico en el vestíbulo del centro o en algún otro equipamiento abierto al barrio —biblioteca, mercado, centro cívico...—. Producir cartelería con la información de nuestro proyecto y encartelar el barrio. Facilitar en estos espacios sistemas para recoger impresiones, comentarios, aportaciones... mediante un correo, un buzón, el contacto de la escuela.... Son vías para abrir la posibilidad de que otras personas o colectivos, externos al centro, puedan sumarse si lo desean al proceso de trabajo que se está desarrollando.

Podemos habilitar los espacios y momentos en los que debatir algunos aspectos del proceso y tomar decisiones colectivamente, facilitando siempre la información necesaria para poder decidir de manera consecuente. En este sentido es importante establecer distintas esferas de participación, que estas estén lo más claramente delimitadas que sea posible y que sean conocidas por todas las personas o colectivos participantes. De este modo, cada participante podrá decidir en qué espacio de participación desea y puede colocarse, y cuáles son las atribuciones de dicho espacio. Así, por ejemplo, podemos disponer un espacio asambleario en el que participen todas las personas o colectivos implicados en el desarrollo del proceso comunitario de creación colectiva, coordinados con distintos grupos de trabajo que bien pueden ordenarse por ámbitos de trabajo o ejes temáticos, o bien corresponder a las distintas instituciones u organizaciones que participan en el proceso.

El espacio asambleario puede tomar decisiones generales respecto a la orientación y los objetivos del proceso y del conjunto de participantes, mientras que los espacios de carácter más "técnico" pueden tomar decisiones sobre aspectos más concretos del proceso o que atañen principalmente a un grupo de personas organizado en torno a una entidad o institución. Es importante que la comunicación sea transparente y accesible a todas las personas y grupos implicados. Así como establecer de forma clara y conocida por todas en qué espacios se toman cada tipo decisiones. Estas disposiciones pueden contribuir a evitar malos entendidos, suspicacias y conflictos mejorando la calidad democrática de los procesos.

Es evidente que la acción de los centros educativos está restringida por numerosas normativas e imperativos legales y que, por tanto, les resulta difícil abrir los procesos de toma de decisiones a otros agentes, externos a la institución. No obstante, es también cierto que la normativa dispone la creación y el desarrollo de un espacio de participación democrática más allá del equipo directivo y docente como son los consejos escolares, y que es habitual la existencia de asociaciones de madres, padres o familias, de distintos grupos de trabajo, comisiones de convivencia, etc. Los procesos comunitarios de creación pueden ser una oportunidad para profundizar en el funcionamiento y los valores de estos espacios de participación democrática.

De todos modos, la participación en estos espacios institucionales es, en muchos casos y debido a múltiples factores, limitada. Entre el alumnado y las familias puede darse la percepción de que, por ejemplo, órganos como el consejo escolares carecen de representatividad o influencia reales y que son una mera formalidad.

Por otra parte, aunque las reuniones, grupos de trabajo o asambleas son imprescindibles, también hay que tomar en consideración que no todas las personas se sienten cómodas en estos espacios, bien porque no cuentan con las herramientas necesarias para participar en igualdad de condiciones o no están habituadas a hacerlo. Se puede correr el riesgo de que estas personas se inhiban de participar a causa de los formalismos o del dominio de la palabra —ya sea solo de la retórica o del propio idioma— requeridos para participar, de manera que acaben sintiéndose expulsadas y los espacios terminen siendo monopolizados por aquellas personas que, por su origen, formación o posición social sí están habituadas. Este es un problema de difícil solución. Requiere construir vínculos de confianza que permitan a las personas expresar sus necesidades, establecer canales de información específicos para ellas, habilitar espacios en los que puedan compartir sus opiniones sin sentirse presionadas a "hacerlo bien" y, a largo plazo, organizar o facilitar el acceso a entornos de formación e intercambio de saberes. Con relación a esta cuestión hay que destacar la importancia de los espacios y actividades informales: reunirse para cocinar y comer juntas, para tocar y escuchar música, hacer cualquier tarea cooperando con otras personas o simplemente compartir un espacio distendido, seguro y de confianza son situaciones que hacen posible el encuentro y facilitan el diálogo, en los que las conversaciones se entrelazan con el hacer práctico. Las conversaciones casi nunca son triviales, y entre un tema y otro también se pueden tratar cuestiones que atañen a la gestión de lo común y al desarrollo de actividades y procesos comunitarios.

La clave está en no segregar estas situaciones y espacios del conjunto de las actividades y procesos de creación cultural, y de organización comunitaria. No basta con ofrecer una extensa carta de actividades y talleres que son meramente consumidos por sus usuarios y usuarias, sin dar pie al encuentro, al diálogo y a la organización colectiva. Las escuelas pueden ser equipamientos que faciliten este tipo de espacios de encuentro y los vinculen con los procesos de creación artística y cultural que estén impulsando o de los que participen, e incluso con el desarrollo de los planes de estudio en su conjunto.

Parecería evidente que la cooperación entre equipos docentes, familias y entorno es un elemento clave para la mejora educativa. Sin embargo, tenemos la percepción de que en los últimos tiempos se ha producido un distanciamiento cada vez mayor entre estos distintos actores. Los factores que influirían en este distanciamiento podrían ser, sin duda, múltiples y estarían interrelacionados de manera muy compleja, tanto como para no permitirnos en este espacio un análisis mínimamente sustancial y suficientemente fundamentado. No obstante, nos parece posible señalar que, en general, el retroceso de la participación en la gestión de los asuntos comunes, no solo en lo que atañe a la educación, está relacionado con cuestiones estructurales. Intuimos que la extensión y distribución de los horarios de trabajo, junto con una cultura orientada primordialmente al consumo, han hecho menguar la dedicación de las personas a los asuntos cívicos, ya sea la educación, la cultura comunitaria, el asociacionismo, etc.

Por este motivo es importante tomar en cuenta los espacios informales de participación. No solo es posible debatir, tomar decisiones y emprender acciones participando en una reunión o en una asamblea, en las que el uso de la palabra es la principal herramienta y, por tanto, donde no todas las personas se sienten cómodas o legitimadas a participar y hacer oír sus opiniones.

EJEMPLO PRÁCTICO 5
L'Ordit - Fabra i Coats

↘ Dónde:
Fábrica de Creación Fabra i Coats. Barcelona

↘ Quién:
* LaFundició

↘ Qué:
La Fábrica de Creación Fabra i Coats (en adelante FiC) de Barcelona es un equipamiento cultural público que, mediante convocatoria abierta a lo largo del año, acoge residencias de artistas, colectivos, entidades e iniciativas culturales de la ciudad. El edificio de la FiC se ubica dentro del recinto de la antigua fábrica textil Fabra i Coats del distrito de Sant Andreu, un espacio patrimonial de referencia en el territorio donde también tienen sede otros equipamientos de carácter muy diverso —un centro de arte contemporáneo municipal, un ateneo de gestión comunitaria, tres centros educativos, un complejo de viviendas de protección oficial, la sede de varias asociaciones del distrito, etc.—.

L'Ordit —en castellano, La Urdimbre— es el programa de cultura, educación y territorio del que se ha dotado la FiC. L'Ordit surge de la experiencia de "Cohabitar entre_", un proyecto de curaduría colegiada del Centro de Arte Contemporáneo de Barcelona Fabra i Coats, liderado por cuatro entidades culturales y artísticas: Idensitat, LaFundició, Sinapsis y Transductores. El proyecto se desarrolló entre marzo de 2016 y mayo de 2017. Se trata de un programa diseñado, coordinado y sostenido desde 2020 por LaFundició que entra en funcionamiento en la primavera de 2018 —entre 2018 y 2020 L'Ordit fue gestionado conjuntamente por LaFundició y la asociación Transductores—. Uno de los aspectos clave del planteamiento de L'Ordit es entender los equipamientos culturales como parte de un ecosistema complejo. Se trabaja para que tanto desde los contenidos como desde las formas de hacer, la presencia y la acción de FiC en el distrito de Sant Andreu contribuyan a nutrir el ecosistema al que pertenece. Así, L'Ordit se pone en funcionamiento desde la voluntad de sedimentar, arraigarse y relacionarse. Esto implica dejar atrás una lógica de proyectos y asumir una lógica de trabajo por procesos; pasar de una lógica de programación cultural a practicar relaciones de creación colectiva.

♂ Recalculando ruta

Las líneas de trabajo de L'Ordit se definen siempre en relación con lo que ya existe en el territorio, con aquellas preocupaciones, tensiones e intereses latentes en Sant Andreu. Se establecen puntos de partida desde los que practicar investigaciones colectivas abiertas a las interlocutoras que se sientan interpeladas pero, sobre todo, buscando, a partir de las relaciones ya existentes, la forma de incorporar a aquellas personas, actores y colectivos que suelen quedar fuera de la red de relaciones y el imaginario de los equipamientos culturales. Trenzamos los nuevos procesos con aquellas experiencias previas presentes en el territorio, vinculándonos con quienes sostienen líneas de trabajo aledañas y cómplices. Sedimentamos los saberes, haceres y relaciones que se generan a partir de nuestros procesos de creación colectiva en el acervo y el imaginario de la institución cultural pública y del territorio que habita.

Ello implica un ejercicio constante de equilibrios entre los anhelos de innovación y las inercias de funcionamiento preexistentes en la relación entre las instituciones culturales y la ciudadanía. Tratándose de un marco de trabajo a largo plazo y desde el interior de la institución cultural pública, es imprescindible consensuar con claridad los horizontes hacia los cuales orientar los procesos de trabajo en que se implica a comunidades heterogéneas. Y ejercitar el músculo colectivo y la flexibilidad institucional para recalcular permanentemente la ruta y los objetivos establecidos, transitando las tensiones y resistencias que van apareciendo en el camino.

∽ Y tú ¿quién eres?

Establecer mecanismos para que la Fábrica de Creación se relacione con las comunidades educativas vecinas ha sido uno de los horizontes considerados estratégicos desde 2021. L'Ordit había contado siempre con las comunidades educativas más próximas, las que se ubican en el mismo recinto fabril que la FiC, pero se detectó la necesidad de construir mecanismos de relación entre la Fábrica de Creación y las comunidades educativas del distrito que fueran más estables, adaptados y accesibles. Para ello, aprovechamos el marco que ofrece el programa Ara Art, un programa de innovación del Departamento de Educación de la Generalitat de Cataluña que promueve la transformación de los centros educativos a partir de las artes y se basa en la colaboración entre centros educativos y equipamientos culturales públicos.

Así, desde 2021 la Fábrica de Creación estableció un partenariado (o alianza, según la terminología del programa Ara Art) con dos escuelas de primaria y un instituto del barrio, acompañado activamente por el Centro de Recursos Pedagógicos (en adelante CRP) de Sant Andreu. El proceso de trabajo se extiende a lo largo de tres cursos escolares y lo lidera un grupo impulsor formado por representantes del claustro de los tres centros educativos, del equipo de L'Ordit y la Fábrica de Creación, y del CRP (fig.33).

Este tipo de programas que propician la puesta en contacto entre centros educativos y actores culturales y artísticos están atravesados por una serie de ideas preconcebidas acerca de aquello que se espera del "arte" y sus contribuciones a la "educación". Para empezar a conocernos y construir un marco de trabajo horizontal, llevamos a cabo un ejercicio colectivo para compartir los prejuicios y clichés que cada uno de los agentes implicados en el proceso tenía de los demás. Poner en común, desde el código humorístico y del esperpento, aquello que creemos intuir acerca de la identidad de aquellas con quienes trabajaríamos a largo plazo permitió abordar fantasmas que, de otra manera, hubieran planeado y condicionado las expectativas que cada una de nosotras ponía sobre nuestra relación incipiente. Ir deconstruyendo la caricatura de la escuela como espacio de domesticación en contraposición con la institución cultural como espacio de libertad creativa nos llevó a identificar en paralelo las maneras en que los centros educativos practican la creación y las maneras en que la FiC practica el aprendizaje.

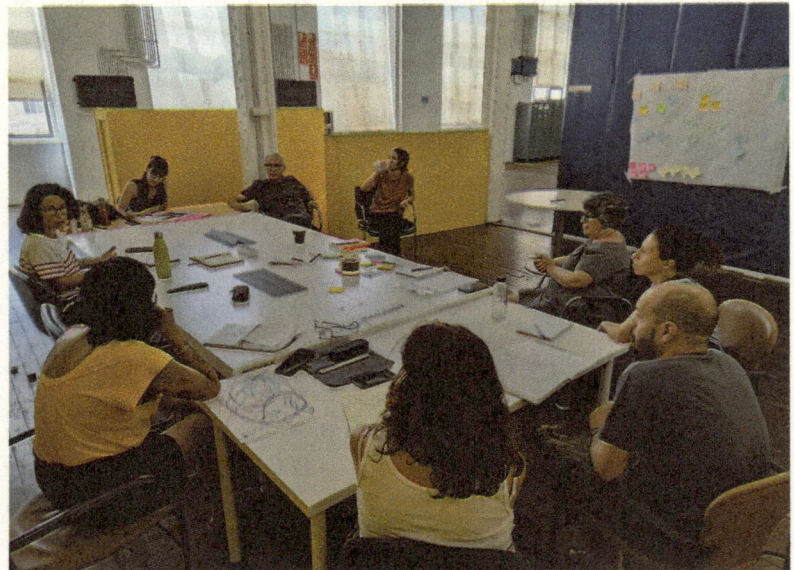

Fig. 33. Sesión de trabajo con el grupo impulsor, compuesto por docentes de los centros educativos, la Fábrica de Creación y el Centro de Recursos Pedagógicos de Sant Andreu.

⟋ **Hacer experimentos**

Contar con un marco de colaboración a medio plazo, tener tres cursos escolares para tejer relaciones de complicidad y creación, nos ha permitido abordar todos los procesos desde la voluntad de experimentación. No aspiramos a finalizar productos, colaboramos para inventar y poner a prueba herramientas que respondan a nuestras necesidades situadas.

Una de las primeras necesidades detectadas fue hacer comprensible una institución cultural como la Fábrica de Creación —un espacio de trabajo para artistas y colectivos culturales y no un espacio de exhibición—. Para empezar a deconstruir la noción preconcebida del artista como individuo inspirado y especializado, iniciamos un proceso colectivo para facilitar conversaciones alrededor de la tarea de creación, de sus economías y las estructuras de poder que operan en el campo del arte. Junto con alumnas del Instituto Vapor del Fil y artistas residentes de la Fábrica de Creación (músicos y artistas visuales) y estudiantes de la escuela de arte y diseño La Massana, creamos el juego de cartas "Y tú ¿qué haces?".

Para ello nos inspiramos en las estrategias oblicuas desarrolladas por Brian Eno y Peter Schmidt pensadas para desbloquear procesos creativos y acompañar procesos de composición musical. Partiendo de esta referencia, hemos ideado un juego de cartas que funciona como activador de la conversación entre niñxs y jóvenes y artistas residentes en la Fábrica de Creación. Se trata de un dispositivo que guía las preguntas en formato de juego y ayuda a iniciar una conversación de conocimiento mutuo.

Todas las etapas del proceso se pensaron como oportunidades para compartir miradas heterogéneas y poner en común herramientas. Así, la selección de las preguntas y la definición de las reglas del juego se realizaron con alumnado de primaria, de secundaria y del grado de arte y diseño. El profesorado del instituto y de la escuela contribuyó a adecuar las instrucciones de activación para que se ajustaran a todas las edades. Y la producción del juego de cartas en formato físi-

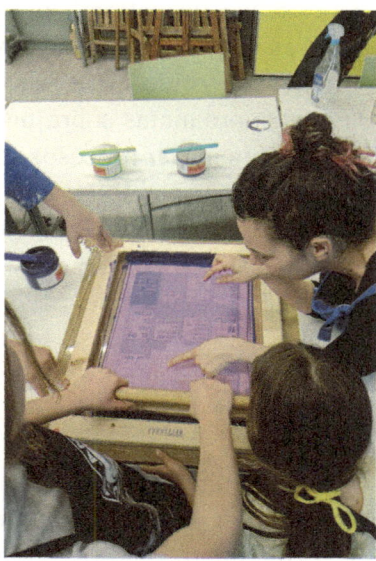

Fig. 34. Proceso de experimentación con serigrafía para la producción del juego de cartas "Y tú ¿qué haces?" en colaboración con la artista Irma Marco.

co se realizó a partir de sesiones abiertas de serigrafía (fig. 34) en el laboratorio gráfico del Ateneu Harmonia —un equipamiento cultural de gestión comunitaria ubicado en el recinto FiC—.

Una vez finalizado el proceso, el juego de cartas se ha convertido en una herramienta a disposición de las comunidades educativas que quieren visitar y conocer la Fábrica de Creación.

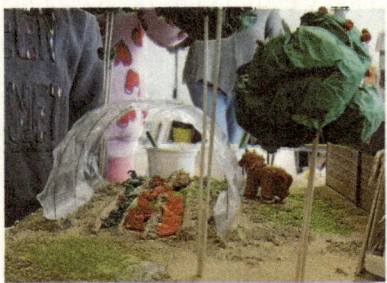 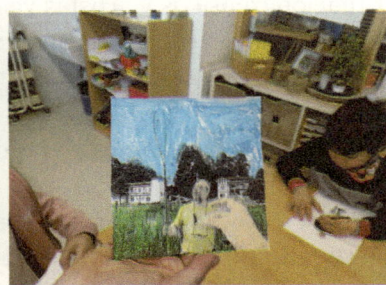

Fig. 35. Proceso de construcción de las maquetas.
Fig. 36. Proceso de creación de los personajes que activan la instalación multimedia.

Haber tejido un entramado de relaciones tupidas y equitativas entre las comunidades educativas y la institución cultural nos ha permitido Identificar intereses compartidos y poner en común diferentes preguntas sobre una misma cuestión como punto de partida para iniciar procesos de creación colectiva que funcionan como indagaciones. Buen ejemplo de ello es el proceso que llevamos a cabo sobre los lugares de las memorias de la infancia en Sant Andreu. En esta ocasión, la escuela estaba trabajando sobre las transformaciones del paisaje cercano al centro, mientras que la Fábrica de Creación se estaba preguntando por la jugabilidad de los espacios comunes del recinto y además acogía en sus instalaciones la celebración de un festival de literatura infantil.

Con estos mimbres decidimos iniciar un proceso alrededor de las memorias de la infancia y el juego en el distrito de Sant Andreu. Durante tres meses el alumnado de tercero de la escuela La Maquinista recabó los relatos orales de las formas y los lugares donde jugaban sus mayores —madres, padres, abuelas, abuelos, hermanos, hermanas, etc.—. Ponerlos en relación con los juegos y los espacios que habitan elles en la actualidad posibilitó una reflexión colectiva acerca del papel de la infancia en la conformación de espacios públicos abiertos y acogedores.

En colaboración con la artista visual Cristina Calderón y a partir de la escucha de estas memorias, llevamos a cabo un proceso de construcción de maquetas (fig. 35) que representan los escenarios que acogen el conjunto de recuerdos del juego —la escuela, la masía, la plaza, el bosque, el río y el piso— y de los personajes que protagonizan estas memorias orales y objetos que juegan un papel significativo. Este trabajo se activa en una instalación multimedia (figs. 36 y 37) en la que, escuchando las voces de quien narra sus recuerdos, podemos adentrarnos en las maquetas con una webcam y reinterpretar las historias que oímos movilizando a los personajes y los objetos, jugando con los recuerdos ajenos y propios.

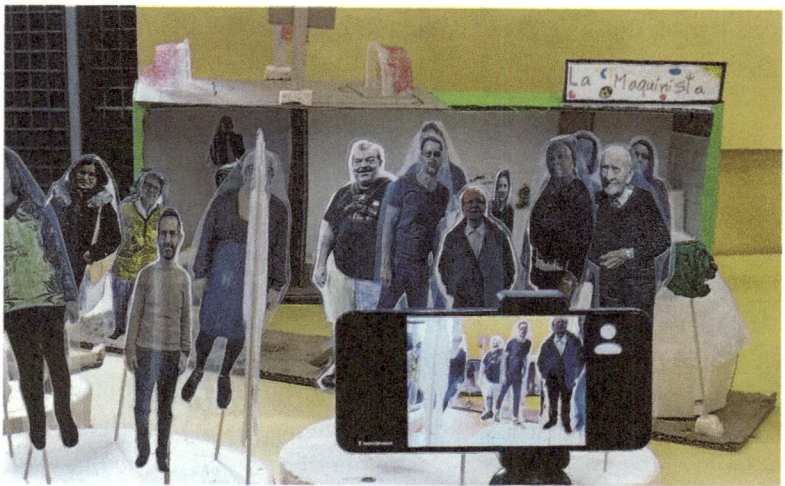

Fig. 37. Activación de la instalación multimedia.

Esta instalación ha tenido diferentes momentos de socialización: el primero de ellos en la escuela, junto a toda la comunidad educativa, el segundo en el marco del festival de literatura infantil que se celebraba en la Fábrica de Creación y en el cual participaron diferentes escuelas de la ciudad (fig.38).

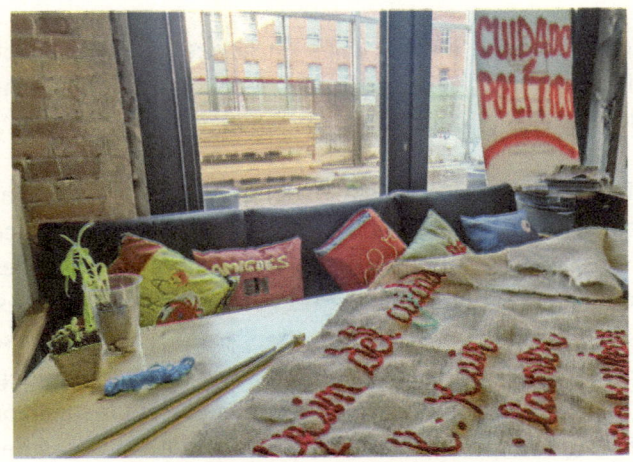

Fig. 38. Mesa de L'Ordit en el vestíbulo de la Fábrica de Creación.

⟋ʋ Para qué sirve (y a quién sirve) una fábrica de creación

Más allá de estos dos ejemplos puntuales, nos parece importante resaltar algunos de los efectos que la relación con las comunidades educativas de Sant Andreu ha desencadenado en el interior de la Fábrica de Creación. A menudo, del contacto entre instituciones culturales o artísticas y centros educativos se espera automáticamente una transformación de las comunidades educativas. En sus metodologías, en sus enfoques, en sus contenidos. En este caso, el vínculo entre FiC y las escuelas e institutos de Sant Andreu ha abierto una brecha de reflexión y revisión del proyecto de la Fábrica de Creación desbordando el propio imaginario de la institución cultural. De manera esquemática, podemos decir que se está pasando de una lógica en que los beneficiarios de la Fábrica de Creación son principalmente los artistas residentes y la ciudadanía es usuaria o consumidora de las creaciones que ahí se generan a una lógica ecosistémica en que el equipamiento cultural es un recurso de uso común donde el vecindario lleva a cabo prácticas creativas a partir de relaciones heterogéneas.

En este largo proceso, se han ido sedimentando algunos cambios concretos, como por ejemplo el establecimiento de un mecanismo de cesión gratuita de espacios de la Fábrica de Creación para la celebración de encuentros entre los claustros de los centros educativos del distrito o las presentaciones de conciertos u otras creaciones producidas por los centros educativos (fig.39). Así, se empieza a desdibujar la línea de división entre la creación artística y la creación educativa. También se ha iniciado un proceso para repensar y rediseñar el espacio del vestíbulo del edificio de la Fábrica de Creación para que sea un espacio jugable y acogedor, donde puedan darse encuentros y prácticas de creación no programadas. Hacer del vestíbulo de la institución cultural un recurso para la convivialidad, equipado con herramientas que faciliten la relación y la creación entre vecines (máquina de café, máquina de coser, almohadas, telas, etc.).

Estos desplazamientos de la mirada acerca de la función de la institución cultural despiertan las tensiones propias de los procesos de cambio institucional y suponen reconsiderar las maneras en que se miden los tiempos, pasando de la lógica de la actividad o el proyecto a la lógica del proceso de cambio a medio y largo plazo. Implica prestar atención a la construcción de estructuras flexibles pero sólidas que puedan acoger las relaciones de vecindad con las comunidades educativas y abrir espacios de toma de decisión colectiva y de corresponsabilidad en sostenimiento de los procesos de creación en común.

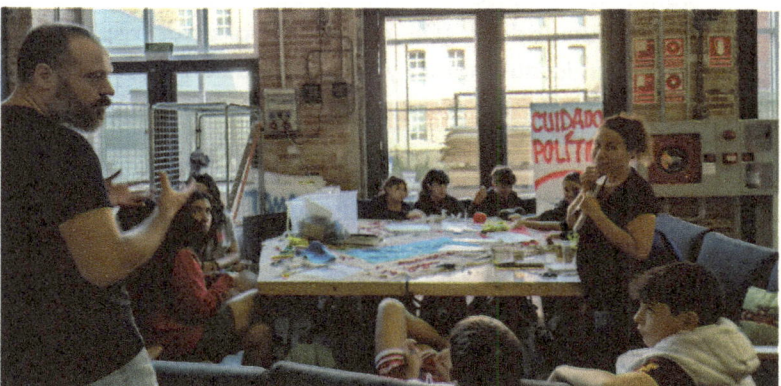

Fig. 39. El alumnado de 4.º de ESO del Instituto Vapor del Fil celebra semanalmente las sesiones de la asignatura de Gestión Cultural en la mesa de L'Ordit, en el vestíbulo de la Fábrica de Creación

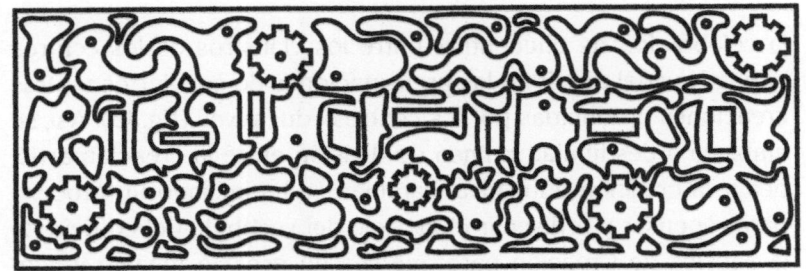

◊ ¿De qué manera se relacionan los centros educativos con las tramas comunitarias y cómo participan de las relaciones que se dan en su interior?

◊ ¿De qué manera podemos consolidar las dinámicas de colaboración, los vínculos y afectos que se dan en procesos durante los que se comparten conocimientos y saberes?

◊ ¿De qué modo se pueden reconocer y desarrollar aquellos saberes que están fuera de los marcos académicos y que la comunidad considera relevantes?

◊ ¿Qué espacios de debate y toma colectiva de decisiones son necesarios en un proceso de trabajo con las comunidades? ¿De qué manera estos espacios fomentan la autonomía y la organización colectivas?

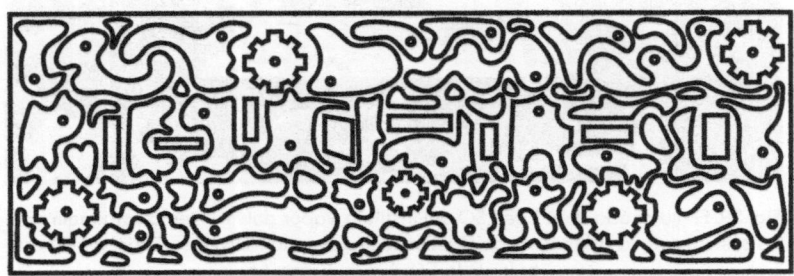

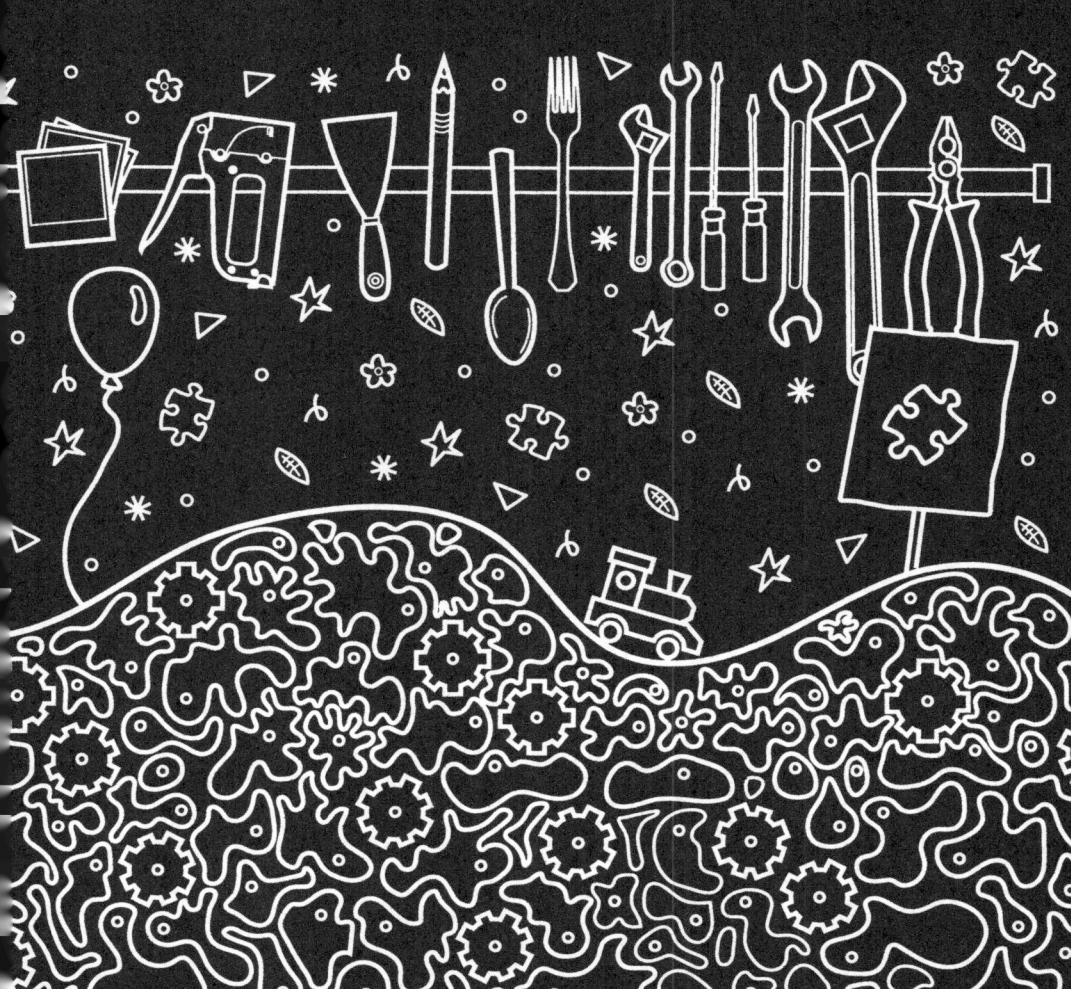

4

HACERES

HACERES

Podemos entender nuestra relación con el entorno como una relación metabólica. Es decir, una relación en la que se dan intercambios de energía, materiales e información entre los individuos y su medio, intercambios que los transforman recíprocamente. La visión clásica racionalista sobre la relación de los seres humanos con su entorno es mucho más unidireccional: "el *hombre*" emplearía su fuerza de trabajo y destreza para transformar el medio y extraer recursos. Desde esta perspectiva, la técnica sería el conjunto de procedimientos de los que nos servimos para poner en acción nuestra fuerza de trabajo y nuestras capacidades. Intuitivamente aplicamos estas consideraciones al medio natural, pero también podemos aplicarlas al medio social.

En lugar de hablar de las *técnicas* nos parece más útil pensar en *maneras de hacer*, entendidas como prácticas, tácticas, improvisaciones y resistencias mediante las cuales los individuos y colectivos se adaptan y se expresan para reapropiarse del entorno. Estas *maneras de hacer* están asociadas, a menudo, con una creatividad cotidiana y ordinaria que las personas utilizamos para maniobrar dentro de nuestro contexto y expresar nuestra agencia y creatividad en la vida diaria.

Habitualmente asociamos el arte y la cultura con una serie de disciplinas y técnicas muy específicas: la pintura, la escultura, la música, la danza, la literatura... No obstante, los seres humanos empleamos un abanico mucho más amplio de herramientas simbólicas para ordenar nuestro entorno sensible, representar el mundo, establecer patrones colectivos de comportamiento y de pensamiento, en definitiva, para producir sentido. Prácticas creativas y rituales cotidianos, modos de relación entre los individuos, actos de enunciación, usos y costumbres que no se producen como si estuvieran aislados de su entorno. Al contrario que el cuadro colgado en la pared del museo, la representación teatral en el escenario o la narración contenida en el libro, dichas prácticas culturales se entremezclan y confunden con la trama de la vida. Hablamos de prácticas culturales y artísticas que, en lugar de producir acciones y objetos que se pretenden autónomos, es decir, separados del resto de la sociedad y de la naturaleza, se ven envueltas en una diversidad de procesos sociales, políticos, económicos, ecosistémicos, etc. El quid de la cuestión es que ninguna práctica cultural está realmente desligada de todos esos procesos.

El pensamiento occidental moderno aplica una lógica "atomista" y mecanicista sobre la realidad y entiende cada elemento —los seres vivos, los cuerpos, los campos sociales, el arte, la política, la economía...— *como si* funcionaran de manera autónoma e independiente. Por el contrario, muchas otras epistemologías contemplan, explican y viven la realidad de un modo muy diferente. Incluso la filosofía y la ciencia occidentales hace tiempo que han comenzado a entender y explicar la realidad como una trama de procesos y relaciones complejos e interdependientes. El sujeto, en las sociedades occidentales modernas, actúa y construye su identidad sobre la base de esta ilusión de independencia, *como si* no dependiera de la naturaleza —de la que, además, forma parte— o *como si* no dependiera del cuidado de otras personas. Del mismo modo, la obra de arte se piensa como un objeto aislado, separado del resto de la realidad, suspendido en un cubo blanco y "neutral", presuntamente escindido de la trama de la vida, de los intercambios de materia y energía, de los circuitos de la economía, etc. Pero esta sería una cuestión a tratar con la extensión y profundidad necesaria en otro lugar.

En este libro proponemos trabajar con esas prácticas culturales "impuras", que se entrelazan abiertamente con toda otra clase de procesos sociales y de objetos simbólicos y materiales, así como con las maneras de hacer y las relaciones que se encuentran y anudan en ellas.

Volvamos por última vez a pensar en nuestra cesta de mimbre. Podemos pensar la cesta únicamente como un objeto con una serie de cualidades estéticas y la cestería como la técnica que permite producirlo. Pero también podemos preguntarnos cuáles son las relaciones sociales y productivas que hacen de dicha cesta un objeto funcional, qué marco cultural hace de esa cesta un objeto estéticamente placentero o de qué procesos naturales y ecosistémicos forma parte. En base a estos dos enfoques podemos bien organizar un taller en el que únicamente enseñar la técnica de la cestería y en el que aprender a hacer cestas, o bien podemos iniciar una investigación y un trabajo que tenga en cuenta, analice e intervenga en la trama de relaciones y procesos de índole social, cultural, económica o ecosistémica que se entrecruzan en el objeto 'cesta' y de los cuales participa —¡sin dejar por ello de aprender a hacer cestas!—.

ᕱᕱᕱ

EJEMPLO PRÁCTICO 6
Open-roulotte - Escuela El Martinet

↘ Dónde:
Barrio de Can Mas, Ripollet

↘ Quién:
- LaFundició

↘ Qué:
En 2008, en el barrio de Can Mas, Ripollet, se iniciaron las acciones de un plan de barrio. Los planes de barrio eran un programa que en aquel momento concedía la Generalitat de Cataluña a barrios considerados de "atención especial". El programa contemplaba la mejora urbanística de los barrios seleccionados y se acompañaba de otras acciones sociales, culturales y educativas. En el marco del plan de barrio implementado en Can Mas, se abrió un concurso mediante licitación pública para desarrollar un programa específico de intervención cultural. A este concurso, LaFundició presentó la propuesta "Open-roulotte".

Can Mas es un barrio de Ripollet, un pequeño municipio situado en la corona metropolitana de Barcelona. Hasta los años 60, los terrenos en los que se encuentra la barriada habían sido una zona agrícola en las afueras del pueblo. Sobre estos terrenos se edificó progresivamente un polígono industrial que atrajo a nueva población dando lugar al barrio.

Hacia el año 2000, a causa del aumento de la ratio de alumnes en los centros educativos del municipio, se planteó la creación de una nueva escuela en Can Mas. Esta escuela reunió a un equipo de maestras en torno a la figura de la dirección que comienza a trabajar en el plan educativo del centro antes de la construcción del edificio. El grupo se inspira en planteamientos educativos como los de Maria Montessori, Rudolf Steiner o Rebeca y Mauricio Wild, entre otros, e intenta establecer, dentro del sistema educativo público, un proyecto de centro y un plan de estudios que rehúye la fragmentación de saberes en materias aisladas y respeta los diversos ritmos de aprendizaje. El Martinet ha sido un modelo de referencia para muchas otras escuelas tanto en Cataluña como en el conjunto del Estado.

El Martinet se organiza con relación a tres comunidades: la comunidad de los pequeños (que comprende al alumnado de 3 a 6 años), la comunidad de los medianos (de 7 a 9 años) y la comunidad de los mayores (de 10 a 12 años). "Open-roulotte" se desarrolló durante un período de cuatro años e implicó a las comunidades de los medianos y los mayores en diferentes fases.

El proyecto Open-roulotte proponía diseñar una "infraestructura móvil de acontecimientos" que, en definitiva, era simplemente una caravana modificada que podía ser utilizada para organizar actividades o eventos en el espacio público. En última instancia la caravana era un pretexto para poner en relación a personas, colectivos y entidades del barrio con el objetivo común de organizarse para ocupar el espacio público y llevar a cabo acciones conjuntas, principalmente de carácter cultural. La gestión de la Open-roulotte, como recurso de uso común, había de ser principalmente un motivo para encontrarse, dialogar y pasar a la acción.

La escuela y, en menor medida, el instituto del barrio, fueron los actores clave en torno a los que se articuló y desarrolló todo el proceso, que duró cuatro años. Desde el inicio, cuando se planteó la idea a la escuela, niños y niñas participaron del diseño conceptual y material de la Open-roulotte. Este diseño se fundamentó en una investigación previa sobre el barrio que se desarrolló igualmente y de manera muy intensiva con su participación. Para llevar a cabo dicha investigación propusimos utilizar, principalmente, dos herramientas: la exploración y la cartografía.

⌒ La investigación: exploraciones y cartografías

Dado que en aquel momento, para nosotras, el barrio era un contexto desconocido, el inicio del proyecto se planteó como una investigación en forma de exploración colectiva. En lugar de trazar un recorrido previamente, se dividió el barrio en diferentes sectores que cada grupo exploraría libremente, a modo de deriva. Acompañar a los niños y niñas en sus exploraciones nos permitió deshacernos, en parte, de nuestra mirada adulta y acercarnos a su propia experiencia del entorno. El planteamiento se inició con la deriva y la cartografía como elemento para compartir su mirada sobre el barrio.

Salimos a la calle en grupos de cuatro o cinco niños y niñas que tenían delimitada una zona previamente asignada. Cada grupo contaba con un kit de exploración (un elemento lúdico que incluía objetos como cinta adhesiva de colores, cintas métricas, tizas para marcar, cámaras, guantes de látex, lupas y bolsas para tomar muestras que pudieran recoger y etiquetar...). También íbamos equipadas con cámaras y con una grabadora de audio para tomar fotos y grabar entrevistas a diferentes personas que encontráramos a nuestro paso (fig.40).

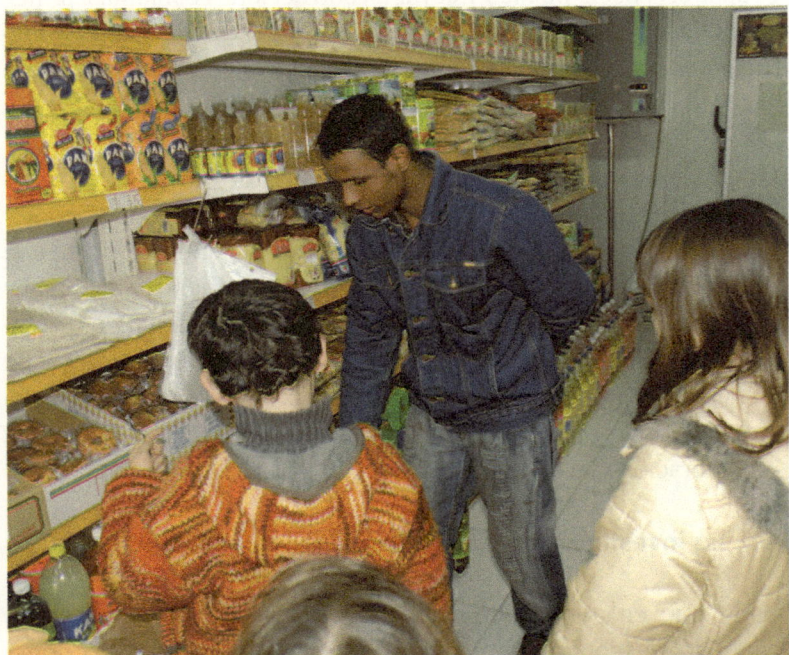

Fig. 40.

Después de cada exploración, en la siguiente sesión de trabajo, ya en el aula, organizábamos el dibujo de *cartografías colectivas*. Cada grupo, reunido alrededor de una gran hoja de papel, dibujaba un mapa de la zona explorada situando en él aquellos elementos que se habían observado. Al contrario que en una actividad individual, dibujar en grupo el mapa daba pie a compartir, debatir y consensuar la representación del territorio: dónde debía aparecer cada elemento o cuáles eran los puntos de referencia (fig.41). En ocasiones, las muestras recogidas se incorporaban también al mapa o servían como referencia para situar en el dibujo otros elementos.

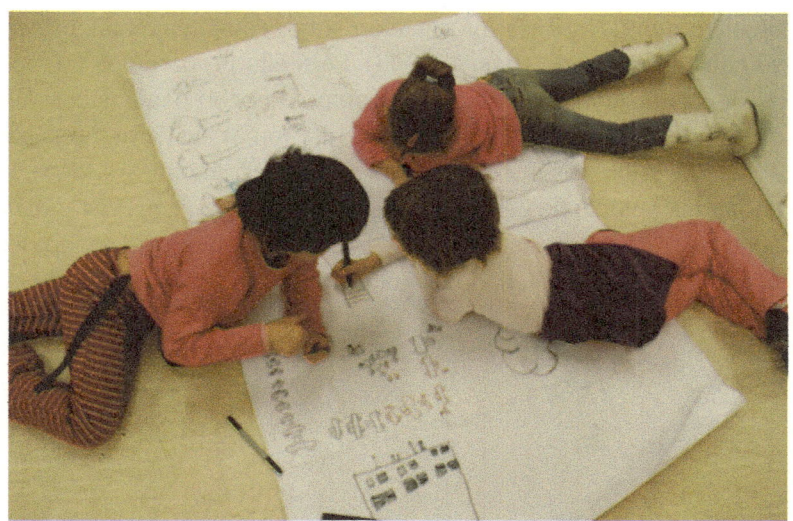

Fig. 41. Dibujando el mapa colectivo en el aula tras la exploración.

Los mapas son, precisamente, un medio de representación utilizado como instrumento de poder. Nos ofrecen, desde un punto de vista cenital, elevado por encima del territorio, una representación presuntamente objetiva de la realidad. Los mapas pueden ser utilizados por los urbanistas para planificar la ciudad o por el ejército para conquistar un territorio. La mirada de niños y niñas está situada, literalmente, mucho más cerca del suelo. Sus mapas combinan la trama ortogonal de las calles con representaciones frontales de edificios, personas o vehículos. Muchas de las fotografías tomadas por ellos y ellas durante las exploraciones enfocan elementos situados a ras de suelo. La cartografía puede ser un poderoso medio de representación, de creación estética y de expresión poética y subjetiva.

Después de la primera cartografía colectiva volvimos, en una tercera sesión, a salir a la calle. En esta segunda exploración partíamos ya con algunas indicaciones más precisas. Durante la elaboración de las cartografías, en las conversaciones que se daban mientras se dibujaban, iban apareciendo temas que llamaban nuestra atención: había zonas que se asociaban con la comida, el comercio, el trabajo mecánico, la basura... En la segunda exploración se proponía el objetivo de buscar más información sobre estos temas allí donde se habían localizado (figs. 42 y 43). Para ello preparamos con fotocopias un sencillo cuaderno de campo de ocho páginas cosidas en el que cada alumno o alumna podía tomar distintos tipos de notas: describir cosas, apuntar observaciones, medidas o ideas, o anotar el contacto de personas a las que se quisiera entrevistar más adelante. Al final de los cuadernos se incluía una reproducción del mapa previamente dibujado por el grupo.

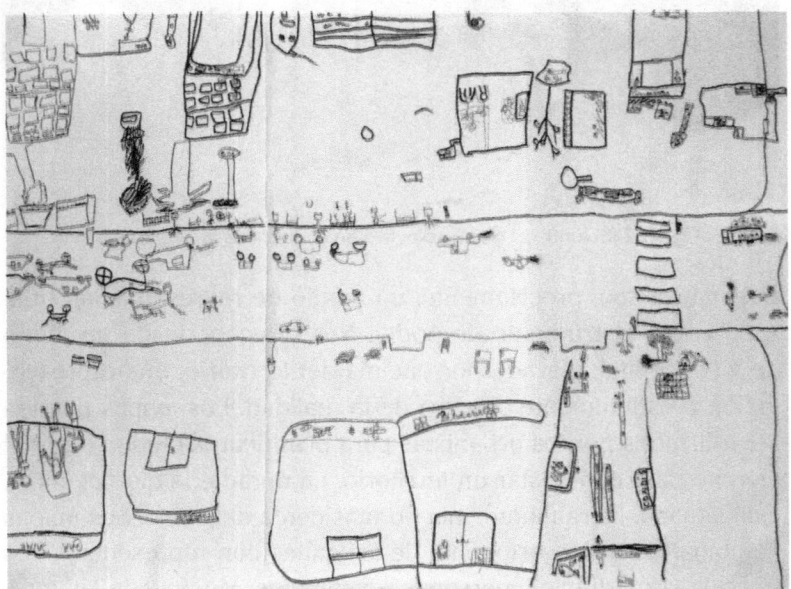

Fig. 42. Mapa de una de las secciones del barrio de Can Mas exploradas.

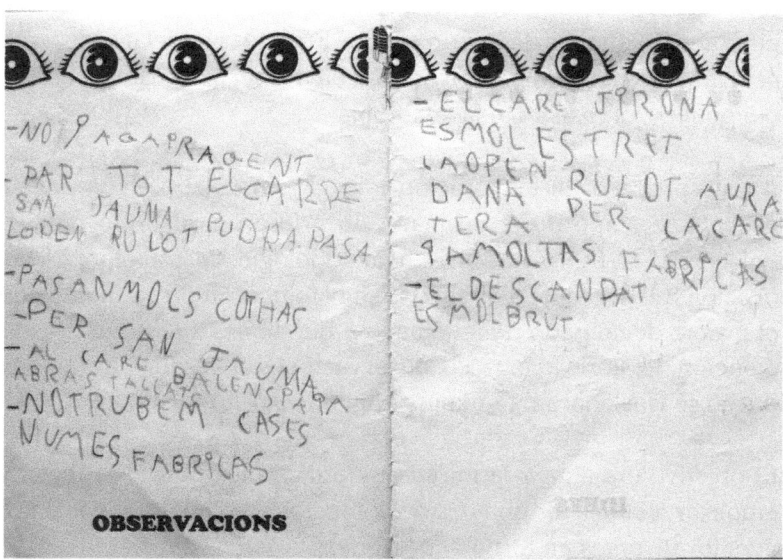

Fig. 43. Páginas de uno de los cuadernos con observaciones sobre la calle Sant Jaume de Can Mas.

Este proceso de exploración nos proporcionó un conocimiento inicial sobre el barrio o, mejor dicho, sobre algunas percepciones del barrio. Destacamos algunas de ellas: un tipo de observación recurrente en los cuadernos del alumnado hacía referencia a la gran cantidad de vehículos en el espacio público y a las molestias que ocasionaban —ruido, contaminación, ocupación de zonas peatonales...—. Tanto en los cuadernos como en las declaraciones de personas entrevistadas aparecían referencias a la basura y la falta de limpieza en el barrio. Por último, se recogieron en entrevista diversas valoraciones similares al respecto de los cambios que se habían producido en el barrio en los últimos años o décadas. Estas consideraciones dejaban entrever una xenofobia y un racismo velados, que no se expresaban abiertamente pero que podían percibirse de manera implícita cuando se señalaba a las personas que habían llegado "últimamente" al barrio como la causa de la inseguridad o la pérdida de valores como la solidaridad y la confianza entre las vecinas. Con esto queremos señalar que, si se consideran seriamente, estas exploraciones, o cualquier otro medio que se emplee para conocer el territorio de la mano de los niños y niñas u otras personas que lo habitan, pueden hacen emerger cuestiones de hondo calado. En este caso relativas, como señalábamos, al medioambiente, la convivencia, los usos del espacio público, el racismo o la xenofobia.

A este proceso de exploración iniciado en colaboración con la escuela se sumó posteriormente un grupo del instituto público del barrio, el IES Can Mas. La metodología de trabajo en esta ocasión fue diferente. Las salidas se planificaron previamente con el grupo, decidiendo de antemano a qué temas se quería prestar atención. Posteriormente las observaciones realizadas durante el paseo se trasladaron a un mapa digital *online*.

El objetivo era sumar la mirada de otros colectivos al proceso y empezar a construir una red de contactos y colaboraciones entre agentes diversos en torno al proyecto.

⌒⌒ Socializar el proceso

Toda esta investigación se compartió, en primer lugar, con el resto de la comunidad educativa instalando una exposición de sus resultados en el hall de la escuela, en el que se expusieron los mapas realizados junto con una amplia selección de las fotografías tomadas por niños y niñas durante las exploraciones.

Con el objetivo de compartir toda esta investigación al mismo tiempo que se iba desarrollando, se diseñó y construyó una estación de radio móvil, un dispositivo con el que salir a la calle y mediante el que podíamos establecer conversaciones y registrarlas para socializarlas con el resto del barrio (figs. 44 y 45).

En estas primeras salidas a la calle, los "programas de radio" carecían de un guion muy rígido, lo que facilitaba que el diálogo se desarrollara de manera espontánea. Más bien se planteaba un tema sobre el que charlar y se establecían conversaciones improvisadas con personas que simplemente pasaban por allí o a las que previamente se había invitado a acompañarnos. No obstante, los temas escogidos para tratar en cada lugar eran los que se habían detectado durante las exploraciones y señalado en los mapas. De este modo cada grupo iba acumulando y afinando un conocimiento sobre cada uno de estos temas.

Los "programas de radio" en la calle generaban una *situación de conversación.* La radio funcionaba así como un instrumento para abordar cuestiones de interés compartido, abrir debates y establecer vínculos con el vecindario. No es necesario utilizar un equipo como este —no tan costoso ni complejo como pudiera parecer de entrada, por otra parte—, basta con salir a la calle o, mejor dicho, *estar* en la calle predispuesto a entablar esas conversaciones. Cualquier excusa sirve para empezar a hablar. Por ejemplo, hacia finales de los 2000, el colectivo valenciano Desayuno con Viandantes comenzó simplemente a salir a la calle para compartir el desayuno y conversar con quienes pasaban por allí, entre otras cosas, sobre el espacio público y sus usos.

Una de las primeras intervenciones en el espacio público que organizamos en el marco de "Open-roulotte" se hizo coincidir con una fiesta organizada por la asociación de vecinos en un parque cercano a la escuela. Además de llevar la unidad móvil de radio al parque, nos propusimos instalar una antena de radio AM con el propósito de emitir en directo las entrevistas que, micrófono en mano, tanto el alumnado como sus familiares realizaban a las personas asistentes a la fiesta. A fin de que las entrevistas pudieran ser escuchadas, se reutilizaron viejos transistores de radio que se distribuyeron por el parque y que previamente habían sido modificados por los propios niños y niñas en la escuela utilizando pintura y *collages.* No se pudo conseguir que la antena funcionara correctamente, sin embargo la unidad móvil de radio sí funcionó a pleno rendimiento durante toda la jornada a través de los altavoces instalados en el lugar. De este modo la radio sirvió para dar a conocer la iniciativa Open-roulotte y sondear la opinión de los asistentes a la fiesta sobre los usos actuales de los espacios públicos del barrio, y también sobre sus usos deseables en un futuro.

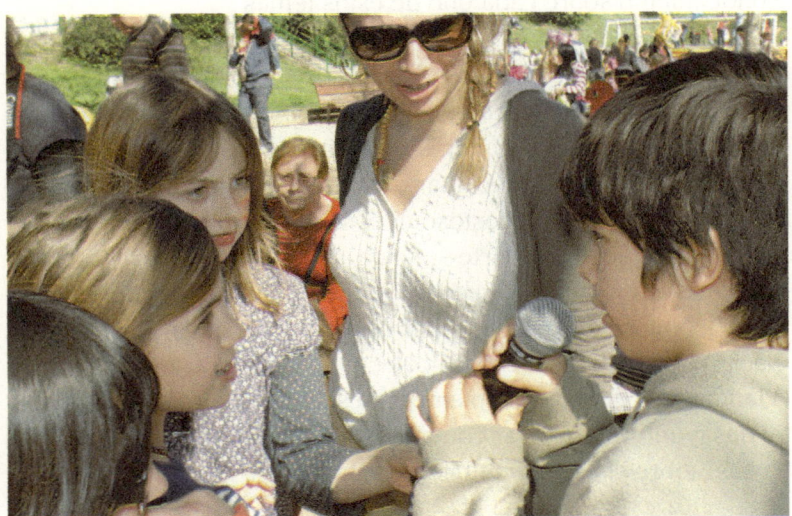

Figs. 44 y 45. Diferentes momentos de la estación de radio en la fiesta del parque.

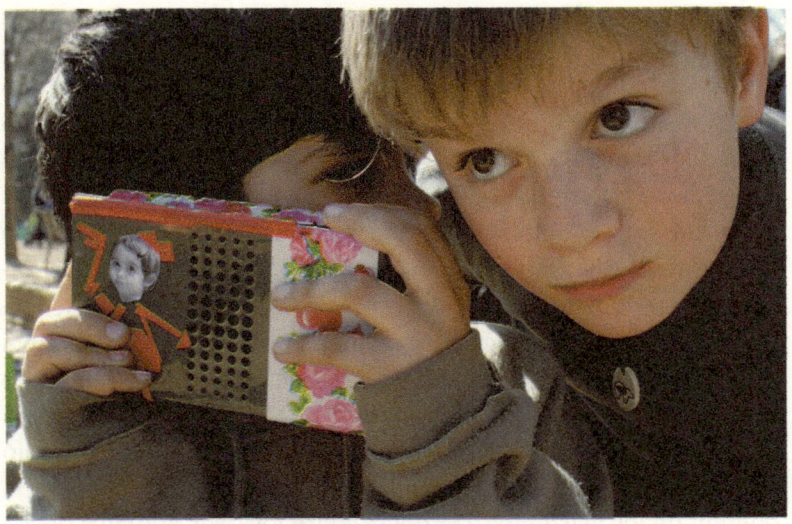

De nuevo encontramos aquí que el objetivo principal de la acción no es crear una obra artística. O, al menos, una obra artística claramente identificable como tal, un objeto "escindido" de su entorno material y social, separado del resto de objetos y específicamente expuesto como un objeto estético que encierra un sentido a descifrar, interpretar o conocer. De otro modo, aquí concurren una serie de circunstancias, acciones y objetos que se dirigen a producir sentido o que se ponen a *funcionar* con el fin de producir sentido y que también tienen cualidades claramente estéticas: el uso de la palabra y la conversación en un contexto festivo, en el que hay música y baile, y en el que se introducen los transistores modificados y la propia unidad móvil de radio *casi* como objetos escultóricos y poéticos.

A finales de 2010, dos años después del inicio del proceso, se editó una revista y se produjo una exposición en el Centro Cultural Municipal de Ripollet para explicar el proceso de trabajo desarrollado hasta entonces (fig.46).

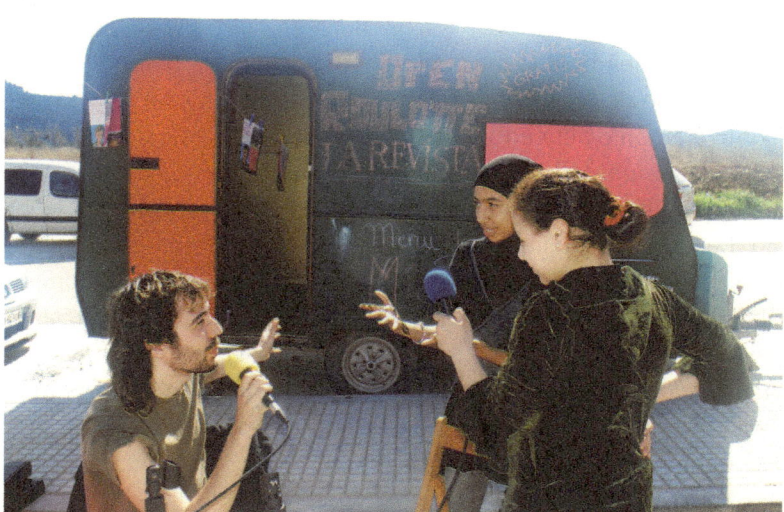

Fig. 46. Presentación de "Open-roulotte. La revista" durante un acto festivo organizado por la Escuela El Martinet y otras entidades del barrio de Can Mas.

♂ Acciones en el espacio público

La utilización de esta unidad móvil de radio constituyó un ensayo o un prototipo de lo que más tarde sería la Open-roulotte. La modificación —o tuneado— de la caravana fue, en sí misma, una ocupación y activación del espacio público (figs. 47 y 48). Dicha modificación se llevó a cabo en el parque cercano a la escuela en el que, por otro lado, se ubicaba el centro cívico del barrio, gestionado por la asociación de vecinos. Participó el alumnado de la escuela y el instituto, así como otros vecinos y vecinas que se sumaron espontáneamente durante las tareas de construcción.

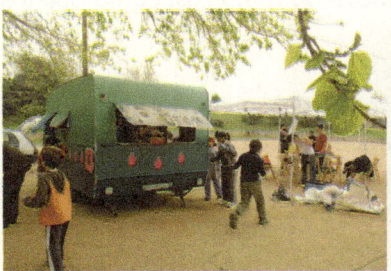 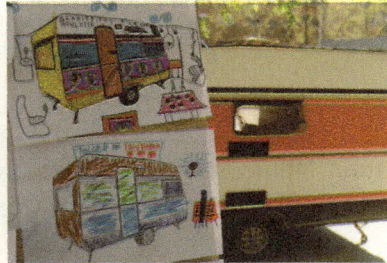

Figs. 47 y 48. Taller de "tuneo" de la Open-roulotte en el parque de Can Mas. A la derecha, mural con propuestas para tunear la caravana.

Una vez tuneada la Open-roulotte se dio inicio a una nueva fase del proceso de trabajo en la que el objetivo era utilizar la caravana como elemento activador del espacio público. A este fin se trabajó con la Comunidad de los Mayores (quinto y sexto de primaria) en la planificación y organización de distintas acciones en la calle. Las acciones estaban relacionadas con diferentes temas que habían sido inicialmente detectados durante las exploraciones y sobre los que se había reflexionado e investigado en la realización de los programas de radio. Al mismo tiempo, las acciones se planificaron con la participación no solo de la escuela, sino de distintos colectivos con los que se había ido contactando a lo largo de todo el proceso.

Ponemos como ejemplo dos de las acciones que más claramente ilustran esta fase:

⟋ᷔ Bossa nova

Esta acción parte de la colaboración entre el alumnado de la Comunidad de los Mayores de El Martinet y el grupo de costura Cosir i Xerrar (Coser y Charlar), formado por madres de la escuela y otras vecinas del barrio.

Merece la pena hacer un inciso en este punto, ya que el grupo de costura se formó a raíz de una conversación con una vecina que se dio en una de las salidas a la calle de la estación de radio móvil. Esta vecina expresó su deseo de compartir su afición por la costura con otras personas, al tiempo que señaló la falta de un espacio y del equipo necesario para hacerlo. Tras negociar con la Asociación de Vecinos de Can Mas instalamos en el Centro Cívico del barrio una máquina de coser y abrimos el espacio a quien quisiera utilizarla. Es importante destacar esta derivada porque ofrece una imagen de cómo ir construyendo vínculos y abriendo espacios de oportunidad a partir de situaciones y encuentros que se producen justamente al calor de los propios procesos comunitarios de creación.

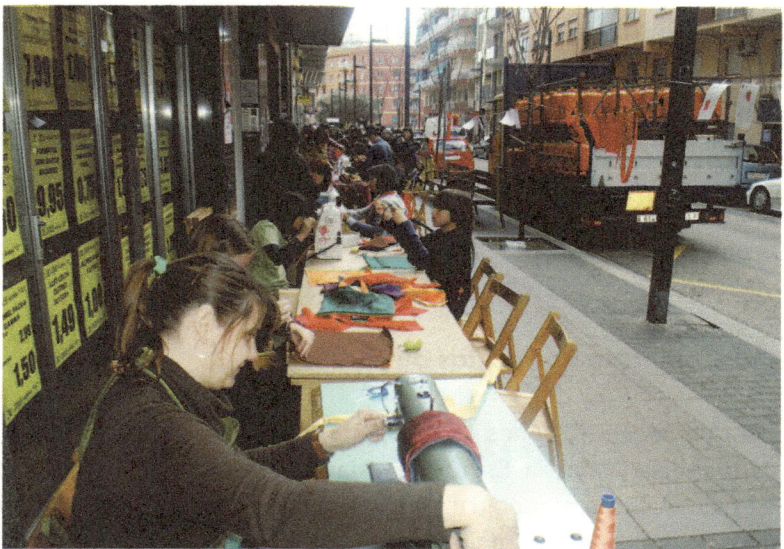

Fig. 49. Vista general de la calle el día de la acción "Bossa Nova".

Cabe señalar que la costura es una de esas actividades, como la cocina, cuya práctica se ha desarrollado en dos vías totalmente separadas: por un lado, la práctica cotidiana y funcional asignada a las mujeres en el ámbito doméstico, y por el otro, la alta costura, históricamente ejercida por hombres y socialmente reconocida como una actividad creativa y con un valor estético, cercano incluso al de la práctica artística. En Cosir i Xerrar nos propusimos explorar las cualidades de la costura como medio de expresión y simbolización al tiempo que, también, como práctica cotidiana vinculada al cuidado y reproducción de la vida.

Partiendo del interés del alumnado por cuestiones medioambientales, anteriormente trabajadas en la escuela, emergió la idea de diseñar y producir distintos tipos de bolsas de tela para fomentar su uso en lugar del de bolsas de plástico desechables. En colaboración con el grupo Cosir i Xerrar se diseñaron varios tipos de bolsas de tela. Durante una mañana se ocupó una de las calles principales del barrio con la Open-roulotte. Se colocaron en la calle varias máquinas de coser, una mesa equipada para serigrafiar las bolsas con varios diseños elaborados en el espacio de Cosir i Xerrar y una exposición de los patrones de las bolsas realizados por los niños y niñas (fig. 49). A lo largo de la mañana, el alumnado informó a los transeúntes de los beneficios de utilizar bolsas reutilizables de tela frente a las bolsas de plástico desechables. Las personas podían escoger el patrón de bolsa que les gustaba más —bolsas para guardar tesoros, bolsas del pan, bolsas de la compra, bolsas para guardar las canicas...— y coserla y estamparla en la misma calle con la ayuda de los niños y niñas, las familias y el grupo de costureras.

⁄𝒯 Comparte tus recetas de cocina

Otra de las activaciones de la Open-roulotte en el espacio público, impulsada por la Escuela El Martinet, organizada de nuevo en colaboración con el grupo Cosir i Xerrar y que contó, en esta ocasión, con la colaboración de la biblioteca municipal, tuvo lugar en uno de los parques del barrio.

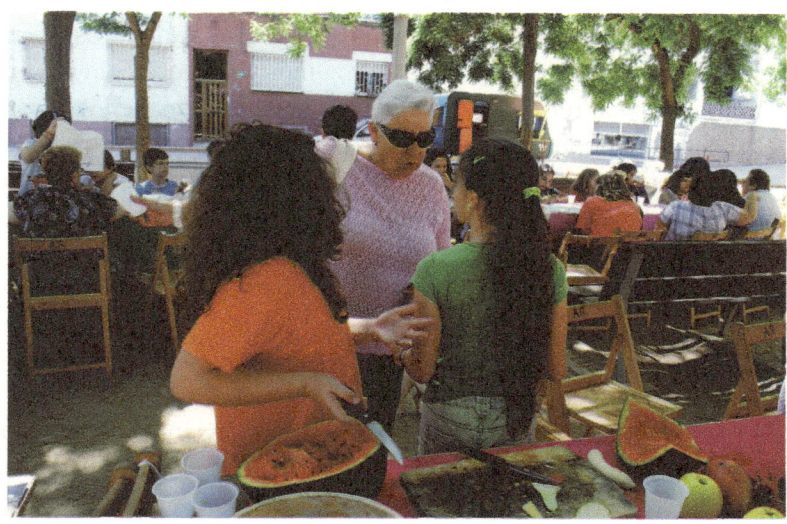

Fig. 50. Compartiendo brochetas de fruta con las vecinas.

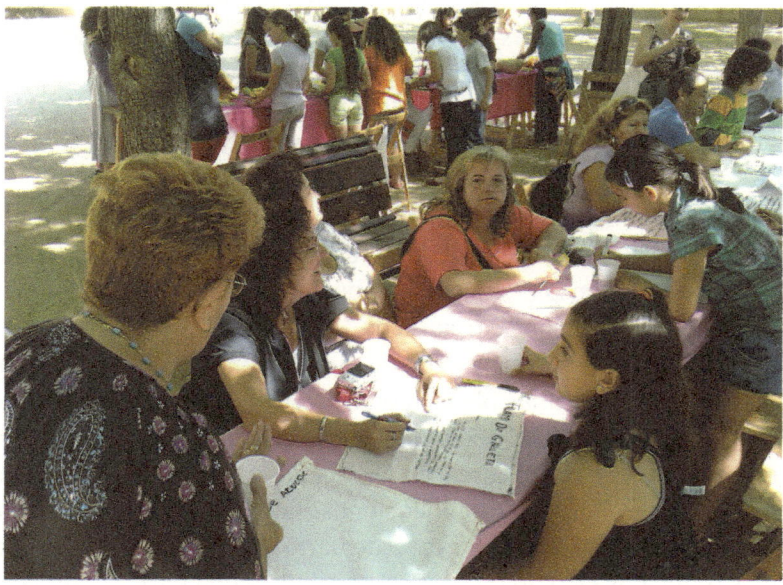

Fig. 51. Vecinas compartiendo recetas con alumnos de la Escuela El Martinet.

En esta ocasión el punto de partida fueron las acciones de sensibilización para una alimentación saludable realizadas previamente en la escuela. El alumnado convocó a las personas vecinas y usuarias del parque a un desayuno de frutas y zumos. A su vez, les invitaron a compartir una receta y explicar su historia personal en relación con esta —cómo la habían aprendido, si les traía algún recuerdo especial, etc.—. Las recetas se escribían y, con la ayuda del grupo de costura, se bordaban en servilletas con las que se confeccionó un libro textil de recetas (figs. 50 y 51). Este libro se entregó posteriormente a la biblioteca municipal de Ripollet.

Durante el intercambio de recetas se daban también conversaciones que giraban en torno al propio espacio del parque. Se compartían impresiones y se entablaban conversaciones informales. Uno de los asuntos que aparecía recurrentemente en las conversaciones era el propio espacio en el que se estaba llevando a cabo la acción. Varios vecinos y vecinas señalaron cómo la percepción de aquel parque como un espacio inseguro cambiaba con la presencia de los niños y niñas, sin desplazar no obstante otros usos que normalmente se daban y que ahuyentaban a la gente.

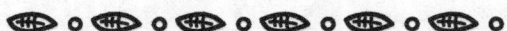

La idea de una escuela sin paredes nos lleva, implícitamente, a considerar el territorio —ya sea el barrio, la ciudad, el pueblo o regiones más extensas— como parte de la propia escuela. Es importante destacar que no se trataría de "escolarizar" el territorio —utilizar el territorio y los recursos de que dispone como un recurso pedagógico— sino más bien al contrario, de dejar que el territorio —los asuntos comunes que ocupan a quienes lo habitan— permee e impregne los quehaceres de la escuela. Open-roulotte fue un proceso con múltiples ramificaciones, tal vez demasiadas, cuyo enfoque tenía además una escala de barrio. Focalizarse en escalas más reducidas —como un parque, una calle o una plaza— o una temática más concreta puede ayudarnos a optimizar los esfuerzos y a establecer relaciones más estrechas con personas y colectivos vinculados a dicho entorno. Aun así nos parece importante no perder de vista el contexto en un sentido amplio, mantener una perspectiva que integre distintas dimensiones y permanecer atentas a los vínculos que puedan establecerse en cualquier situación.

Participar junto a otras personas de diferentes edades en la vida social, de los procesos colectivos de toma de decisiones sobre los asuntos comunes y, en especial, del debate público puede proporcionar aprendizajes que, por encima de todo, contribuyen a la formación humanística y cívica de la infancia. A su vez, esta participación debe ser valorada en tanto que, siguiendo a Francesco Tonucci, un entorno adecuado para niños y niñas beneficia a todas las personas. Tal y como se apuntaba en las conversaciones informales a las que nos referíamos más arriba entre el alumnado de la Escuela El Martinet y sus vecinas, un entorno en el que niñas y niños puedan estar seguros, jugar y sentirse cómodos será, por añadidura, un entorno de calidad para todas las personas.

⚙ Gestión comunitaria o gestión del común. El arte y la cultura como bienes comunes

Como hemos ido apuntando, paralelamente a los procesos de investigación, creación e intervención en el espacio público desarrollados en colaboración con la comunidad educativa de El Martinet, fuimos tramando una red de colaboraciones y procesos de trabajo con otras personas y colectivos del barrio. El objetivo último del proceso Open-roulotte, recordemos, era crear una infraestructura móvil y promover su uso en el barrio para organizar acciones en la calle y activarla realmente como espacio público. Esta infraestructura era, en cierto sentido, un pretexto para aglutinar a diferentes personas y colectivos en torno a su gestión y la organización de estas acciones, con la intención de que, a largo plazo, estas entidades se organizaran para abordar los retos del contexto en el que se encontraban. A lo largo de los cuatro años durante los que se desarrolló el proceso de la Open-roulotte participaron vecinos y vecinas, la comunidad educativa de la Escuela El Martinet, el Instituto Can Mas, el centro cívico y la biblioteca municipales, la asociación PatinSSolidaris, la asociación de mujeres camerunesas Balafón y el grupo de costura Cosir i Xerrar. El proceso de construcción de la propia caravana y el impulso y organización de las diferentes acciones permitió que estos colectivos se conocieran entre sí y establecieran colaboraciones.

Uno de los objetivos de todo el proceso era crear un protocolo de uso y gestión de la Open-roulotte. Entendíamos esta infraestructura como un bien o recurso de uso *común*[6], es decir, como un recurso usado y compartido por una comunidad y, lo que es más importante, cuyas normas de uso debía decidir la propia comunidad. Cuando hablamos de bienes comunes hemos de pensar que los propios recursos —la caravana en este caso— no son un bien común en sí mismos. Los comunes son algo más complejo, más bien un proceso o un sistema que no un objeto. Pongamos por caso que un grupo de personas necesita decidir quién tiene acceso, quién controla, quién puede hacer uso de un determinado recurso, con qué propósito, etc. Este proceso de negociación y toma de decisiones colectiva es lo común: la interacción y el trato de unas personas con otras con respecto al uso colectivo de los recursos de manera que todas puedan participar realmente y sean tratadas de manera justa. Podemos llamar a este proceso *comunalizar*, un proceso en el que tendremos que llegar a acuerdos sobre las reglas y las normas, las maneras concretas en que se comparte un recurso específico dentro de un entorno dado. Este es un proceso *instituyente* —que produce *institucionalidad*— en tanto que de él resultan, como decíamos, consensos, reglas y normas de gobierno que perduran en el tiempo. En este sentido, idealmente, son las propias personas usuarias las que tendrían la autoridad para tomar sus propias decisiones, de manera autóno-

....

6. Para introducirse con una perspectiva política y económica en la cuestión de los recursos de uso común —también conocidos como *bienes comunes*, *procomún* o, simplemente, *comunes*— y cómo las comunidades pueden gestionarlos y mantenerlos de manera sostenible, es fundamental el trabajo de Elinor Ostrom, particularmente su libro *El gobierno de los bienes comunes*. Silke Helfrich ofrece una visión actual, propositiva y accesible de la gestión comunal en obras como *Libres, dignos, vivos. El poder subversivo de los comunes.*

ma, sobre los recursos. Esta es la perspectiva más importante sobre los comunes que, tal y como señala el historiador Peter Linebaugh y apuntábamos más arriba, pueden ser mejor descritos con un verbo que con un nombre. Insistimos, los comunes no tienen que ver con los objetos, sino con tomar en cuenta la complejidad de nuestro mundo y las necesidades que tenemos, los usos que queremos hacer de ciertos recursos y los propósitos de diferentes personas y colectivos. Así pues, la gestión de lo común nos fuerza a tratar con la subjetividad y con la manera en que nos relacionamos unas personas con otras. Cabe destacar que no existe una única fórmula para la gestión de los comunes. La manera concreta en que nos relacionemos entre las personas para compartir un recurso colectivo hará emerger soluciones muy diferentes. No existen panaceas ni modelos únicos. Un último y fundamental apunte sobre los comunes: el proceso de *comunalizar* no se centra únicamente en el uso o el consumo de los recursos, sino que se despliega también en su cuidado y reproducción.

En última instancia, todo este conjunto —los recursos, la comunidad y las instituciones que esta crea en el proceso de *comunalizarlos*— conforman un sistema social complejo. Es importante señalarlo y destacarlo puesto que cada vez más habitualmente los términos comunidad y comunitario se usan para referirse a prácticas o fenómenos que son colectivos, pero en los que no se da ningún grado de autonomía, de capacidad para organizarse y tomar decisiones sobre la gestión de los recursos o sobre cuestiones que afectan a las propias comunidades y su entorno. Decíamos más arriba que una comunidad no debería definirse por lo que es, sino por lo que *hace*. Podríamos añadir que una comunidad no debería definirse por lo que es, sino por lo que quiere llegar a ser. A este respecto, el arte y la cultura juegan un papel esencial ya que la cultura son las historias que nos contamos las personas sobre nosotras mismas y sobre el mundo, las imágenes con las que nos sentimos identificadas y aquellas con las que deseamos identificarnos. La cultura produce deseo, el deseo de *llegar a ser* tal o cual persona, tal o cual colectividad.

Por estos motivos, entender la cultura como un bien común es particularmente pertinente y revelador. En el ámbito de la cultura podemos hablar de bienes comunes en dos sentidos diferenciados. Por un lado, podemos referirnos a los bienes materiales y simbólicos necesarios para producir y desarrollar prácticas culturales —equipamientos, herramientas, materiales, dinero, tiempo, conocimientos...—; por el otro, podemos contemplar como un bien común las propias manifestaciones culturales. Dicho de otro modo, podemos contemplar como un bien común el sentido que producen y ponen en circulación las manifestaciones culturales, y que los seres humanos usamos para situarnos en el mundo y relacionarnos con él. La pregunta pertinente es cómo se toman las decisiones y quién puede decidir sobre la distribución de los recursos necesarios para producir cultura, sobre el tipo de manifestaciones culturales que se producen o sobre los usos que se hacen de las manifestaciones culturales.

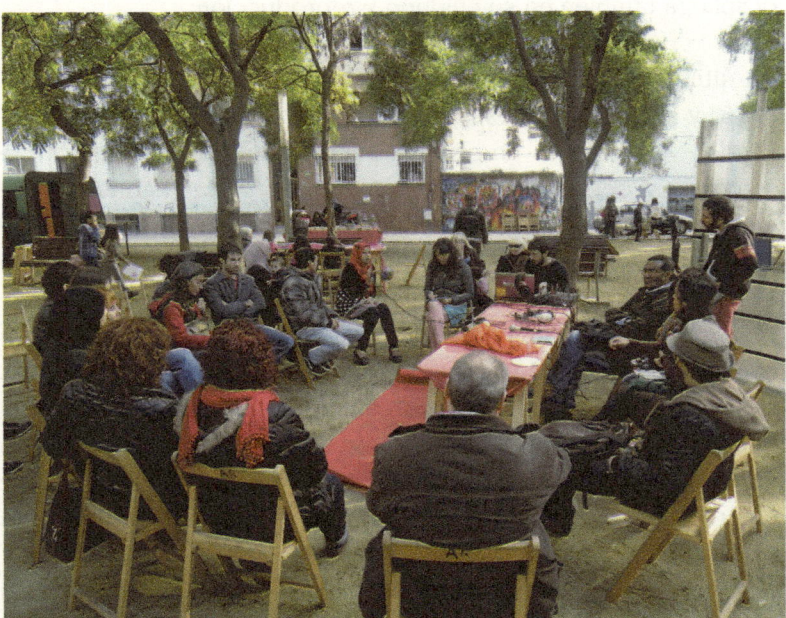

Fig. 52. Además de las charlas, debates y grabaciones de radio, durante la jornada se habilitaron en el parque distintos ambientes en los que algunas de las entidades participantes organizaron diversas actividades. La jornada finalizó con una comida colectiva preparada por la asociación Balafón.

Precisamente, uno de los conflictos que emergió durante el desarrollo de Open-roulotte estuvo directamente relacionado con la "propiedad" de la caravana y la autoridad para gestionarla, para tomar decisiones sobre su uso. En el momento en que se planteó la constitución de una entidad autónoma, formada por las personas y colectivos implicados en su cuidado y gestión, aparecieron las reticencias de la oficina del Plan de Intervención Integral que, recordemos, amparaba y financiaba el proyecto. Desde este organismo se entendía que la caravana era un bien público, es decir un bien colectivo pero gestionado y custodiado por la Administración, sobre el que sus usuarios no debían tener poder de decisión.

La última acción organizada en el espacio público, desarrollada casi al término del Plan de Intervención Integral consistió, precisamente, en un encuentro (fig. 52) de diversas entidades y personas para debatir sobre el futuro de la Open-roulotte como estructura de gestión comunitaria —la Asociación de Parados de Ripollet (en aquel momento en constitución), Asmaa (asociación de la comunidad musulmana de Ripollet), la Asociación de Familias de la Escuela El Martinet, la Biblioteca Municipal de Ripollet, PatinSSolidaris, grupo Cosir i Xerrar, la Asociación de Fibromialgia, Fatiga Crónica y Sensibilidad Química Múltiple de Ripollet, el Club de Ajedrez de Ripollet, la asociación cultural de mujeres camerunesas Balafon y la técnica de cultura del Ayuntamiento de Ripollet—. Además del debate se invitó a distintas personas para charlar sobre cultura y gestión cultural comunitaria, y se instaló el set de radio móvil para registrar conversaciones con las distintas entidades participantes. Durante el debate emergieron tres temas principales:

1. Se reafirmó la necesidad de las entidades del barrio de relacionarse y colaborar en iniciativas conjuntas y organizarse colectivamente para dialogar y negociar con la Administración pública local. En el debate se apuntó la posibilidad de constituir una federación de entidades como una forma de sustanciar y organizar esta acción colectiva.

2. Se detectó como un problema el desconocimiento de las dis-

tintas realidades culturales del barrio, y se señaló como una de las causas del rechazo a la diferencia y de los prejuicios hacia las personas migrantes y racializadas. La idea de construir una red de entidades se pensó como una vía para fortalecer los vínculos comunitarios y abordar este problema.

3. El encuentro y el diálogo dieron pie a un debate sobre la gestión de la infraestructura de la propia oficina del Plan Integral, que contaba con un local en la plaza Rizal —la misma en la que se realizó la acción "Comparte tus recetas"—. Surgió la pregunta por el destino de estos locales una vez finalizara el Plan y con esta pregunta apareció también la propuesta de solicitar una gestión colectiva de estos para uso de la red de entidades.

Este último debate no se desarrolló más allá de la jornada. Una vez finalizado el período de ejecución de nuestro proyecto en el marco del Plan Integral, tras cuatro años de trabajo, la comunidad aglutinada en torno a la Open-roulotte no estaba lo suficientemente organizada como para constituirse formalmente como entidad, reclamar y disputar a la Administración pública la gestión y cuidado de la caravana o el uso y gestión comunitaria de las oficinas del Plan.

Esta experiencia nos hizo replantear algunas estrategias y darnos cuenta de que estar sujetos a los tiempos de convocatorias, proyectos y subvenciones impedía establecer vínculos y participar de tramas comunitarias a muy largo plazo. Concluimos que era necesario poder enraizarnos y enredarnos con diversos agentes, personas y colectivos, sumarnos a las tramas comunitarias del territorio, sin un horizonte temporal predeterminado. Los centros educativos, precisamente, no tienen que enfrentar este problema, están siempre en un lugar y disponen de tiempo para construir vínculos de colaboración con su entorno. Las escuelas, como otros equipamientos de proximidad, podrían ser instituciones idóneas para ensayar colaboraciones público-comunitarias en la gestión de los recursos.

⚂ ¿Dónde está aquí el arte?

Una última reflexión sobre el proceso de la Open-roulotte. El debate sobre qué es o no es arte está siempre abierto o, al menos, debería ser siempre un debate abierto. ¿Es la Open-roulotte un objeto artístico? ¿O el "objeto artístico" es todo el proceso de producción y organización colectiva generado en torno a la creación de la Open-roulotte? Estas preguntas nos parecen pertinentes en tanto que, como docentes o desde cualquier otra posición dentro de la trama comunitaria que colabora en su desarrollo, pueden surgir dudas sobre la "artisticidad" de lo que aquí definimos como un proceso colectivo de creación artística. La realidad es que la respuesta a estas preguntas no es sencilla, ni única —cosa que quizás sea lo interesante—, pero podemos afirmar con bastante seguridad que la cualidad artística de un objeto depende, en gran medida, del contexto en el que se entra en relación con él, de su *contexto de recepción*. Esta es una idea y una discusión con un largo recorrido en la historia del arte occidental desde que los y las artistas de las primeras vanguardias introdujeran objetos cotidianos en contextos de recepción artísticos y los designaran como objetos artísticos. Mientras que una parte de los debates estéticos anteriores al siglo XX giraba en torno a la relación imitativa entre el arte y la vida, movimientos como dadá o el surrealismo se propusieron borrar la propia distinción entre arte y vida. Posteriormente, a partir de los años 60, distintas manifestaciones del arte conceptual, incluidos el *land art* o el *site-specific art*, desarrollaron obras fuera de los museos y centros de arte, pensadas para un lugar y un contexto específicos. Estos intentos de diluir las fronteras entre arte y vida fracasaron en la medida en que acabaron siendo ratificados y reconocidos por el *campo social* del arte —es decir, por las instituciones del arte y sus figuras profesionales— y, por tanto, podríamos pensar, escindidas de nuevo de la vida, aisladas en el espacio "neutral", blanco y aséptico de las salas de exposiciones. Empleamos el término campo social en el sentido acuñado por Pierre Bourdieu, como espacio social estructurado que tiene reglas específicas que gobiernan la competencia y la distribución de los recursos y de distintos tipos de capital —económico, cultural, social y simbólico—.

Lo cierto es que esta historia de la relación entre arte y vida se fundamenta en una ilusión que es fundacional del propio arte moderno. En realidad, el campo social del arte, sus instituciones y sus agentes, nunca han sido autónomos, nunca han estado desligados de la vida y la sociedad. El arte, la cultura y sus instituciones han estado siempre entreverados con todo tipo de procesos sociales, económicos y políticos como la formación de los Estados nación modernos, la mercantilización o la construcción de una visión eurocéntrica del mundo. Más allá de ejemplos concretos como estos, podemos interrogarnos sobre el rol estructural de ciertas instituciones culturales a lo largo de la historia en la dominación de las culturas indígenas, campesinas, populares o de otros grupos humanos y sociales subalternos. Por ejemplo, los museos siguen siendo lugares excluyentes, que exigen una manera de comportarse, de hablar, de relacionarse con el espacio, los objetos y las personas que aún responde a patrones sociales y culturales y a valores morales característicos de la civilidad blanca, burguesa, capacitista, adultocéntrica, etc. Todo ello, a pesar de los esfuerzos de algunos departamentos educativos, de mediación o de públicos por "abrir" la institución.

En definitiva, procesos colectivos de creación artística y cultural como los que aquí describimos parten de la idea de que arte y vida están enredados de manera compleja y son, de hecho, inseparables. Su estrategia no es sacar el arte del museo ni introducir la vida en el museo, por decirlo de una forma esquemática, sino impulsar procesos instituyentes y de organización en una escala comunitaria para la gestión de los recursos necesarios para producir cultura, y para la gestión de las propias prácticas y manifestaciones culturales entendidas como recursos de uso común.

De nuevo parece que nos hemos desviado del camino, que esto nada tiene que ver con lo que los y las docentes han de hacer ¡o incluso con lo que pueden hacer! en el aula. En cierto sentido, es verdad. Los procesos colectivos de creación artística y cultural, tal y como aquí los planteamos, no son, esencialmente, algo a *enseñar* o, ni siquiera, algo *de lo que participar*. No son una técnica a aplicar ni tampoco la solución a algún problema. Pueden ser utilizados para que los estudiantes adquieran competencias que les permitan desenvolverse en la sociedad futura, tal y como demanda el currículo, pero más allá de esto creemos que su virtud y su potencia estriba en que pueden ser un ejercicio real de construcción, aquí y ahora, de la sociedad actual y de la futura. Esto puede parecer grandilocuente y totalmente fuera del alcance de lo que una persona docente puede e incluso debe hacer. Sin embargo, si consideramos seriamente que el arte, la cultura y la educación son palancas de transformación social, incluso los procesos más sencillos pueden tener impactos relevantes.

⟋♂ Pero, realmente ¿qué es arte?

Decíamos que la definición de qué es el arte o la cultura está perpetuamente sujeta a disputa. Precisamente porque, como ya hemos dicho, la cultura moldea nuestra identidad —individual y colectiva— y condiciona el modo en que comprendemos el mundo y nos relacionamos con él. Ya sea de forma precaria, cínica, esperanzadora, balsámica o vehemente, el arte y la cultura arrojan sentido sobre nuestra existencia. Este es el motivo por el que están continuamente abiertos el debate y la pelea por definir qué es la cultura o qué expresiones artísticas son válidas o no. Las controversias en torno al arte y la cultura se dan continuamente porque distintos grupos sociales y humanos tienen intereses diferentes —e incluso contrapuestos—. El arte y la cultura, entendidos como esferas de producción de sentido, de representaciones y relatos, son fundamentales para conseguir que una determinada forma de pensar, actuar y percibir el mundo llegue a ser hegemónica, es decir, se convierta en la norma. Dicho de otro modo, la capacidad de cada grupo para predominar y ejercer el poder y, de este modo, satisfacer sus intereses, requiere que sus perspectivas, valores y creencias sean aceptadas y adoptadas por el resto. En todas las sociedades, la tarea de producir y transmitir ideas y valores pasa por instituciones y por dispositivos de comunicación mediada. La escuela es una de esas instituciones y dispositivos. Por tanto, la escuela se encuentra inevitablemente atravesada por los conflictos y controversias que se dan en torno a cómo se define el arte y qué prácticas culturales son consideradas normativas.

El arte y la cultura se hallan atrapados en una aparente contradicción interna: por un lado, como seres humanos, necesitamos encontrar puntos de referencia inmóviles y patrones predecibles que nos permitan situarnos en la realidad y relacionarnos con ella. Por el otro, contrariamente, necesitamos encontrar variaciones en nuestra manera de sentir, comprender y actuar que nos permitan adaptarnos y relacionarnos con la multiplicidad y las diferencias que encontramos en el mundo. A grandes trazos, se ha llegado a asumir que las manifestaciones del arte premoderno y del arte popular se fundamentan en la repetición de un canon fijo e invariable —en una tradición—, mientras que, al contrario, el arte moderno se caracterizaría por ser *innovador y vanguardista*, es decir, por rechazar cualquier canon y por ser una expresión única de la singularidad individual de cada artista. Lo cierto es que esta oposición entre tradición e innovación es una explicación construida y difundida por la propia modernidad occidental y sus instituciones, que responde a sus propios criterios e intereses. El descrédito de las culturas indígenas, campesinas o de las clases populares como manifestaciones ancladas en la tradición y el mito, ha sido una de las violencias simbólicas que la modernidad occidental ha ejercido para anular los estilos de vida asociados a ellas y sus formas de reproducción social.

Para impulsar desde la escuela un proyecto artístico comunitario podemos preguntarnos también qué prácticas creativas y culturales son propias del contexto en el que nos encontramos y de qué manera se relacionan con la cultura instituida —incluida la que podemos llamar *cultura escolar*—. Con *cultura instituida* nos referimos a aquellas prácticas culturales, valores y normas que son formalmente establecidos y respaldados por instituciones sociales, gubernamentales o educativas.

Decíamos que toda sociedad necesita dispositivos para consolidar ciertos patrones culturales al mismo tiempo que deja abiertas vías y establece mecanismos para generar innovaciones culturales que den respuesta a nuevas necesidades, deseos y expectativas, ya sea a través de figuras individuales o mediante prácticas colectivas. Como explicaba E. P. Thompson, la cultura popular es un fenómeno mucho más maleable y abierto a la innovación de lo que el relato moderno ha dado a entender. Históricamente, los usos y costumbres no han sido prácticas anquilosadas y aferradas a un pasado idealizado. Esta es precisamente la visión moderna, esencialista e identitaria del folclore, que pretende preservar intactos saberes y costumbres populares.

Todo esto tiene una relación directa y sustancial con el tipo de proyectos y procesos creativos de los que venimos hablando en este libro. Hace décadas que, tanto artistas situados en el centro del campo del arte contemporáneo y sus instituciones como, y especialmente, otros agentes sociales y culturales que se encuentran en su periferia —mediadoras, educadoras, activistas...— o incluso fuera de él, vienen desarrollando prácticas colectivas que operan, de algún modo, "por fuera" de la lógica cultural dominante. Prácticas y procesos culturales que se caracterizan, como hemos dicho hasta el momento, por vincular las manifestaciones artísticas y culturales con la vida —en sus múltiples dimensiones— y por explorar la capacidad de los saberes y la organización colectiva para enunciar y producir nuevas formas de vivir más justas y sostenibles. Una tarea "visionaria" que, en cierto modo, estaba reservada a los artistas e intelectuales. Hablamos también de un arte y una cultura cuyo sentido y función social no se decide y resuelve desde arriba, en las oficinas de las instituciones o de la industria cultural, sino que se negocia desde abajo en el seno de aquellas comunidades que participan de su creación y recepción, y que escapan así, en mayor o menor medida, al rol pasivo asignado al público o a los consumidores de productos culturales.

Los proyectos comunitarios de creación artística y cultural ofrecen a la escuela la oportunidad de integrarse en una comunidad de sentido, de participar, junto a otros actores de dicha comunidad, en la producción de representaciones y usos. No hablamos aquí, como decíamos, de transmitir un conocimiento —sobre arte contemporáneo o sobre arte, así llamado, *comunitario*— sino de construirlo colectivamente junto con la comunidad educativa y las tramas comunitarias de su entorno. La formación de ciudadanos activos, conscientes de sus derechos y responsabilidades, capaces de contribuir positivamente a la sociedad y afrontar los retos del mundo contemporáneo, es parte integral del proceso educativo. Los procesos comunitarios de creación artística y cultural, tal y como los planteamos aquí, no serían tan solo una herramienta formativa, sino un espacio en el que debatir, proponer y construir efectivamente respuestas a los retos del mundo contemporáneo, actuando desde el propio entorno más próximo.

⟋♂ La estética escolar. Evaluando las prácticas artísticas comunitarias

Básicamente, podemos encontrar dos posiciones sobre el valor estético de los objetos o manifestaciones artísticas que se producen en un proceso colectivo de creación. Por un lado, podemos medir estos resultados con un estándar "universal" de excelencia. Por el otro, podemos valorar estas prácticas y objetos artísticos en relación a lo significativos que resulten para las personas que los han producido, en el contexto en que se comparten con otras personas y en función del uso simbólico que todas ellas puedan hacer de esas prácticas y objetos artísticos.

En ocasiones se critican los proyectos artísticos comunitarios porque, desde una posición dirigida a la excelencia, sus resultados formales son pobres, faltos de sofisticación o convencionales. Desde la posición contraria se suele replicar que esas "carencias" son irrelevantes ya que la importancia del proyecto estriba en el propio proceso de creación y en cuán significativo sea para quienes participan en él. No diremos que la virtud se encuentra en un punto medio. De otro modo, pensamos que, para que una manifestación cultural sea significativa para quien participa de su creación también se requiere de un uso sofisticado y experimental de los lenguajes artísticos, de las formas y los materiales plásticos con los que se trabaja. De lo contrario nos encontraremos atrapados en la repetición de soluciones formales ya conocidas, lo que conlleva también la repetición de ideas, significados, narraciones y representaciones. En definitiva, en el lenguaje artístico, lo que se dice está condicionado por *cómo* se dice. Por otra parte, la atención a los detalles, a las cualidades de los materiales empleados o a la forma de presentar los resultados de un proceso comunitario de creación artística indican la importancia que se da, colectivamente, a esos mismos resultados. Cierto es que los centros educativos no cuentan a menudo con los recursos materiales y técnicos necesarios para cuidar y valorizar el trabajo realizado. Producir una instalación artística, editar un vídeo o una publicación, emplear herramientas informáticas avanzadas... son cosas que pueden tener un alto coste económico. Sobre cómo abordar esta dificultad hablaremos más abajo.

El currículo actual no hace ninguna referencia a la excelencia en sus criterios de evaluación y su planteamiento parece más próximo al segundo criterio de valoración, más enfocado a descubrir, expresar, cooperar, compartir y establecer relaciones entre las prácticas artísticas y sus distintos contextos. No obstante, la cultura de la excelencia está muy instalada en nuestro inconsciente colectivo. La idea de que existe un baremo universal para medir la calidad de una obra artística. Esta idea es la que sostiene la creencia en *los grandes maestros del arte* —a pesar de que la obra de muchos de estos "grandes maestros" no obtuvo el reconocimiento del público o la crítica de manera inmediata—. Cabe observar también que el baremo y los criterios por los que se reconoce la excelencia o el valor universal de una obra artística han sido durante mucho tiempo, en realidad, nada universales y sí muy particulares: los propios de las sociedades occidentales.

Ya hemos hablado más arriba de cómo los valores culturales dominantes se establecen como la referencia para medir cualquier manifestación artística o cultural, independientemente de su contexto. No volveremos sobre ello, pero insistiremos una vez más en que, por el contrario, las prácticas artísticas y culturales situadas parten de las características específicas del contexto en el que se desarrollan, precisamente para devenir significativas en ese preciso contexto. Esto no excluye que otras personas, en un contexto social o cultural diferente, puedan interpretarlas y construir nuevos significados y usos de esas mismas prácticas o manifestaciones artísticas y culturales. Con esto queremos decir que los procesos comunitarios de creación artística y cultural no tienen por qué estar limitados exclusivamente al "pequeño" mundo del barrio, el pueblo o la región. En primera instancia porque cualquier asunto local está relacionado con procesos de escala global, y en segundo término porque cualquier asunto local puede entrar en contacto con los asuntos particulares de otros lugares. Por ejemplo, podemos desarrollar un proceso de creación musical a partir de las particularidades del paisaje sonoro de nuestro territorio (véase ejemplo práctico 2 de este capítulo) y al mismo tiempo relacionar esas particularidades con las transformaciones del paisaje en una escala global debido a la acción humana. De igual forma, podemos poner en diálogo el resultado de este proceso de creación musical con otros procesos de creación artística desarrollados por otras personas a partir de investigar sus propios paisajes sonoros.

⟋𝛕 El juego como hacer y saber

Aunque de pasada, ya hablamos en la introducción a este libro sobre la genealogía de la *infancia*. La concepción moderna de la infancia marca aún hoy nuestra percepción de niñxs y jóvenes, que siguen siendo vistas a menudo como personas "incompletas". Es por esto que la imagen de la infancia se centra, en muchas ocasiones, en aquello que los niños y niñas todavía *no* son capaces de hacer o en aquello que les *falta*. Esta imagen condiciona enormemente la participación de la infancia en los procesos y las relaciones sociales. También limita la posibilidad de desarrollar el aprendizaje como un proceso colectivo de construcción de conocimiento, ya que el niño o la niña se perciben únicamente como receptores de conocimiento. La educación artística ha constituido en el pasado un ejemplo de esta concepción *bancaria* de la educación. El término *educación bancaria*, por el pedagogo Paulo Freire, tiene múltiples dimensiones en las que no entraremos aquí por falta de espacio. Para lo que aquí queremos explicar sirve tomar únicamente en consideración la idea de que la educación bancaria comprende al educador como un "depositante" que transfiere conocimientos a los estudiantes como si estos fueran "depósitos" vacíos. Por el contrario, el actual currículo establece como una de las competencias específicas del área la capacidad de expresar y comunicar a través de obras propias y de manera creativa, empleando el sonido, la imagen, el movimiento, etc.

Podemos considerar que cada persona, en cada uno de los momentos de su ciclo vital, percibe el mundo de una manera distinta. Asimismo, podemos entender que todas esas percepciones diversas pueden enriquecer la propia comprensión y experiencia de todas las personas, independientemente de su edad.

La incorporación de la infancia y la juventud a los procesos comunitarios de construcción de conocimiento, en general, y de creación artística y cultural, en particular, podrían servir para organizar los espacios y los intercambios sociales de nuevas formas, más inclusivas que las instituidas. En cambio, desde una posición adultocéntrica, la infancia es a menudo percibida como una molestia en los espacios de participación social (reuniones, asambleas, talleres o cualquier otra). En un sentido muy distinto, pero respondiendo a esa misma lógica adultocéntrica, encontramos iniciativas como los consejos locales de infancia y adolescencia, que reproducen "a escala" los rituales y los espacios de participación de los adultos.

Generar espacios de participación social y comunitaria que incluyan a la infancia, o que incluso puedan ser liderados por niñxs o jóvenes, sigue siendo un reto mayúsculo. Una de las vías para superarlo puede ser el juego.

Vaya por delante, no hablamos del juego como un "ensayo" de actividades típicamente adultas. Tampoco nos referimos al juego como un instrumento para transmitir de manera seductora determinados conocimientos o inculcar ciertos hábitos —al modo de la tan traída gamificación—, sino del juego como un hacer y un saber valiosos en sí mismos en tanto que son formas de relacionarse con el entorno y conocerlo, y que por tanto implica el desarrollo de diversas habilidades y competencias —entre las que pueden encontrarse algunas que no estén contempladas en el currículo, dicho sea de paso—. Durante la infancia, todas las personas somos expertas en el arte de jugar. No obstante, a medida que entramos en la edad adulta, se consideran más importantes otras actividades y conocimientos. Es entonces cuando perdemos nuestro conocimiento experto en el juego.

Mediante el juego podemos tomar conciencia corporal del espacio y del territorio. Al mismo tiempo, el juego moviliza la imaginación y es una actividad performativa, un terreno abonado para imaginar y prefigurar nuevas formas de relacionarse con las demás personas y con nuestro entorno. Procesos como los descritos en Open-roulotte aprovechan esa potencia del juego para explorar el territorio y tejer relaciones de colaboración y vecindad.

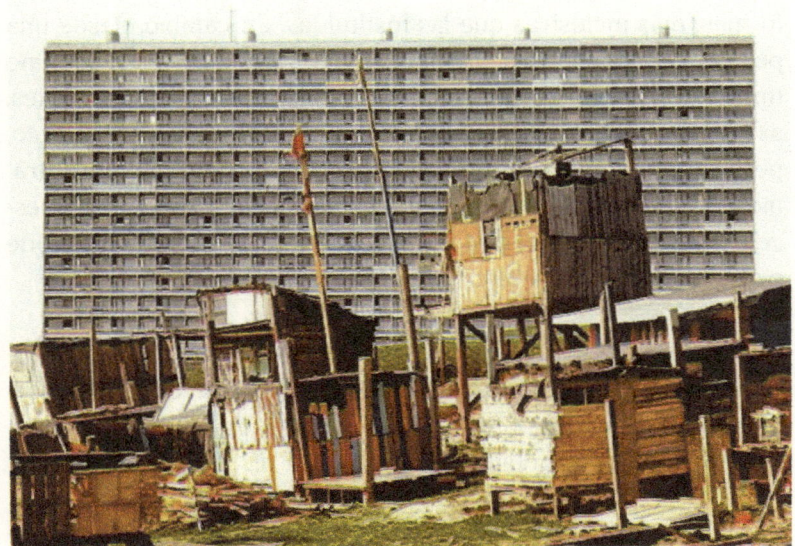

Fig. 53. Estructuras hechas por niñxs en un *adventure playground* en el municipio de Ås, cerca de Oslo, 1973.

Para nosotras, una referencia primordial sobre el juego como forma de participación real en la construcción colectiva y autoorganizada del entorno es la experiencia de los *skrammellegeplads* surgidos en los años 40 en Dinamarca, que poco más tarde se llevó al Reino Unido, donde el nombre se tradujo literalmente como *junk playgrounds* —'patios de recreo de basura'—. Posteriormente, a fin de hacer el concepto más "digerible" para las autoridades pasaron a ser denominados como *adventure playgrounds* (fig.53). Los *adventure playgrounds* parten, en realidad, de una práctica ordinaria en el juego infantil como es la autoconstrucción de zonas de juego, escenario de juegos simbólicos u otros de tipo más físico y de movimiento, ya sea en el medio natural en entornos rurales o en solares baldíos o descampados en los entornos urbanos. Siguiendo esta misma idea, los *adventure playgrounds* son espacios al aire libre en los que se disponen materiales de desecho —de ahí lo de *junk playgrounds*— y herramientas que niños y niñas pueden utilizar para construir sus propias zonas de juego[7]. Este es un entorno abonado para desarrollar la inventiva y la creatividad, y que potencia las posibilidades de experimentar y realizar descubrimientos. Todo esto implica poner en práctica formas de autoorganización y participación para la toma colectiva de decisiones sobre la construcción del entorno y también, lo que es igual de importante, sobre el uso y la gestión de los recursos o sobre las normas de convivencia en el espacio de juego.

Salta a la vista que, con las normativas y estándares de seguridad vigentes, resulta muy difícil replicar el funcionamiento de los *adventure playground* originales en la actualidad. No obstante, los *adventure playgrounds* siguen existiendo a día de hoy en muchos lugares, particularmente en Dinamarca y el Reino Unido. En el ámbito escolar puede ser muy útil consultar el trabajo y la investigación práctica realizados por el colectivo Basurama, en la que

....

7. La ONG London Play cuenta en su archivo audiovisual con un breve reportaje televisivo grabado a finales de los años 70 sobre el *Notting Hill Adventure Playground*. El reportaje puede servir para hacerse una idea bastante más precisa del funcionamiento y la experiencia de los *adventure playgrounds*. Puede verse en su canal de YouTube: https://youtu.be/9-fhzPS8teo?si=_3Vp07fVk.tjWpx-.

han explorado vías de homologación y certificación de zonas y elementos de juego autoconstruidos en patios escolares.

El ejemplo de los *adventure playgrounds* nos sirve una vez más para examinar cómo los haceres cotidianos como el juego pueden llegar a ser medios y herramientas no solo para estimular la manipulación simbólica y desarrollar la creatividad, sino que también pueden abrir infinidad de oportunidades para ensayar formas de participación social y afectar al entorno compartido por niñxs y personas adultas y hacerlo más habitable y convivencial para todas.

⚮ Economía de los haceres (recursos, presupuestos...)

Decíamos que el desarrollo de estos procesos de trabajo puede requerir de recursos materiales cuantiosos. También pueden ser muy elevados los costes en recursos humanos si colaboramos con profesionales técnicos o artistas. También la falta de tiempo puede considerarse un coste inasumible para los centros educativos.

Los resultados de los procesos de creación pueden ser de muy diversa magnitud y complejidad, y por tanto pueden requerir recursos muy variados en calidad y cantidad. En muchas ocasiones lo más costoso de conseguir no son los materiales usados en la formalización del proceso. Se puede recurrir al reciclaje, la reutilización o al uso de materiales muy baratos. También podemos utilizar materiales de los que las escuelas suelen estar bien surtidas pero haciendo un uso heterodoxo de estos, distinto al habitual.

Más difícil aún puede ser contar con los recursos humanos requeridos por el proceso de creación. En este caso la solución ha de pasar necesariamente por la colaboración y el trabajo en red. Dejando a un lado la participación voluntaria de personas que puedan formar parte de la comunidad educativa o de entidades sociales o vecinales cuya misión contemple la participación en este tipo de proyectos, los procesos de trabajo pueden requerir la aportación de profesionales de distintos ámbitos, entre otros, de artistas. Cada vez son más los artistas, colectivos artísticos, instituciones y organizaciones sociales y culturales que contemplan el impulso de procesos colectivos y la colaboración con distintas personas y entidades como una parte integral de su trabajo. Estas personas y entidades, al contrario que la escuela, pueden optar a ciertas vías de financiación a través de ayudas públicas o privadas. Es importante que estas entidades establezcan su relación con los centros educativos en términos de colaboración. Por el contrario, en muchas ocasiones, los proyectos se ofrecen a las escuelas casi como si fueran un "servicio". Tal y como venimos hablando a lo largo de todo este libro, entendemos que la relación entre la escuela, las comunidades educativas y otros actores sociales y culturales debería darse idealmente en unos términos más horizontales de *co-laboración* y *co-creación*. La colaboración no solo es una forma de distribuir los costes materiales, sino también los costes en horas de dedicación.

Por último, también nos encontramos que algunos centros educativos se ven sobrepasados por una oferta de servicios, proyectos y programas de todo tipo. Puede ser interesante vincular algunas de estas propuestas entre sí, de un modo que transforme la relación individual con cada entidad —establecida en términos de provisión de servicios—, en una red de colaboraciones multilaterales dirigida a un proceso de trabajo global. Este trabajo en red puede permitir aunar esfuerzos y poner en relación a personas, colectivos o instituciones de distintos ámbitos: social, científico, artístico, etc.

⟁ Conflictos, malestares y grietas en las instituciones

Los procesos comunitarios no están exentos de conflictos y malestares, precisamente porque se fundamentan en el trato entre personas y en la negociación entre estas mismas personas para tomar decisiones en un plano, al menos sobre el papel, de igualdad. Observamos que, cada vez más, el conflicto es percibido como algo a evitar, como un fenómeno que tan solo conduce al desorden. Desde otra perspectiva podemos ver el conflicto como un elemento necesario para el aprendizaje, el cambio y la mejora social. La clave es, obviamente, encontrar las herramientas y los procedimientos adecuados para resolver el conflicto de manera constructiva.

♂ Maneras de afrontar el conflicto

En ocasiones el conflicto se evita mediante soluciones que generan un consenso inapelable en tanto que evitan cualquier factor que pueda tensar las relaciones entre los distintos actores implicados en el desarrollo del proceso colectivo de creación artística. Es en estos casos cuando se llega a resultados meramente formales y ornamentales o que, a lo sumo, incorporan motivos prácticamente inapelables por nadie. Nos referimos a lemas y enunciados demasiado generales y abstractos como para estimular un debate abierto, reflexivo y situado. Coloridos murales que invocan valores como la tolerancia o la convivencia, o *performances* y coreografías con llamamientos a la paz o la igualdad.

Este tipo de prácticas responde a una visión de la educación y la escuela como esferas de las que debe ser expulsada la conflictividad. Y, sin embargo, la escuela, como todas las instituciones, está atravesada por el conflicto. La negación del conflicto está relacionada a su vez con una visión tecnocrática y positivista de la educación, que niega la realidad del conflicto como resultado de la disparidad de los intereses de distintas clases y grupos sociales. Contrariamente, podemos comprender el conflicto como un elemento necesario para la vida en sociedad, en general, y para el desarrollo de los centros educativos, en particular. La discrepancia y el conflicto son la base del debate que, a su vez, es uno de los fundamentos del pensamiento crítico y la innovación. Lejos de esta perspectiva, el conflicto y el disenso se experimentan en muchas ocasiones como un funcionamiento defectuoso del centro educativo y como la causa de un malestar. Precisamente, los procesos comunitarios pueden "estresar" la estructura organizativa de las instituciones al introducir dinámicas, personas y elementos ajenos a su "normal" funcionamiento.

Frente a esto, la visión tecnocrática de la educación se comprende a sí misma como ideológicamente neutral, de modo que cualquier decisión se presenta como una acción técnica, desligada de valores ideológicos. Por este motivo el conflicto se percibe, desde esta perspectiva, como algo que obedece a intereses ideológicos o políticos y, en cualquier caso, ajenos a la institución. La negación del conflicto conlleva, en la práctica cotidiana, la concentración del poder de tomar decisiones en una minoría formada por cuerpos técnicos y expertos y, por consiguiente, pretende despolitizar la institución y la comunidad educativa. En el caso que nos ocupa, puede ocurrir que las intervenciones artísticas del tipo que mencionábamos más arriba —el mural, la *performance*— acaben siendo diseñadas o planificadas por el propio equipo docente o por algún o alguna artista invitada a colaborar, de modo que la participación de la comunidad educativa en su conjunto o de otras personas o colectivos del entorno se vea reducida a la mera ejecución de la intervención artística.

En este entorno tecnocrático, las personas o grupos discrepantes serán calificadas de manera peyorativa como conflictivos y motivados por razones ideológicas o políticas. La contradicción estriba en que la propia organización de la enseñanza es siempre una cuestión ideológica.

Por último, el conflicto puede ser tratado como un problema de percepción individual, desvinculado de la diversa adscripción social de las personas implicadas en él. Desde esta perspectiva, se reconoce la existencia del conflicto, pero se aborda únicamente como un problema de percepción y comunicación entre distintas subjetividades personales, negando así la posibilidad de discutir si tienen y cuál puede ser su origen material y estructural. El diálogo y la comunicación son absolutamente necesarios para resolver el conflicto, pero por sí solos no pueden explicarlos ni tampoco, en muchas ocasiones, resolverlos.

Para comprender y afrontar el conflicto es necesario preguntarse por el contexto en el que se produce, los intereses que hay en juego y la posición que ocupa cada una de las partes enfrentadas. ¿Cómo podemos utilizar el conflicto de una manera didáctica, democrática y no violenta? En última instancia, la respuesta a esta pregunta nos conduce a uno de los asuntos centrales de este libro y que es la participación de las comunidades en el qué y en el cómo del proceso educativo. Como hemos dicho, afrontar el conflicto pasa, lejos de ocultarlo o neutralizarlo, por exponer sus causas y las represiones e insatisfacciones que subyacen en él. Los procesos colectivos y comunitarios de creación artística y cultural pueden proporcionar un contexto adecuado para superar el conflicto, es decir, para afrontarlo e ir más allá transformando de paso el estado de cosas dado. Dichos procesos pueden proporcionar entornos propicios para la comunicación y la deliberación colectivas, en los que tomar consciencia de la interdependencia de los individuos y de estos con su entorno, así como en los que poner en práctica la cooperación como vía para la resolución de problemas.

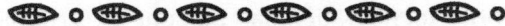

¿Con qué tipo de conflictos podemos encontrarnos durante el desarrollo de un proceso comunitario de creación artística?

Uno de los posibles focos de conflicto puede ser, precisamente, la perturbación de la jerarquía y la autoridad para tomar decisiones sobre determinados asuntos. El conflicto puede darse porque, en un momento dado, el criterio de actores externos al centro educativo difiera del de la dirección o del equipo docente. O porque el proceso de trabajo dé pie a que el alumnado cuestione —más de lo ya habitual— su autoridad. Dentro de esta "tipología" también pueden aparecer conflictos entre el centro y estamentos educativos superiores por discrepancias sobre la idoneidad pedagógica o curricular de los métodos o de los propios fines del proceso comunitario.

Otro tipo de conflicto usual es el relacionado con la alteración de los protocolos y el funcionamiento regular del centro educativo, bien sea porque se cambia la planificación de los horarios regulares, se altera la composición habitual de los grupos-clase o bien porque se ocupan espacios para el desarrollo de ciertas fases del proceso que habitualmente están destinados a otras funciones. En este sentido pueden surgir fácilmente discrepancias y malestares por el hecho de perturbar el normal desarrollo del currículo escolar o el modo en que habitualmente algunos docentes desarrollan su labor.

Un tercer tipo de conflicto puede surgir por las propias temáticas abordadas durante el proceso de investigación, especialmente cuando dicha investigación aborda explícitamente cuestiones de orden moral o político. Más aún, el conflicto puede permanecer soterrado y estallar en el momento preciso en que el proceso de investigación se formaliza en una acción o un objeto artístico que se muestra públicamente. También puede aparecer porque los procesos de trabajo desarrollados abordan cuestiones controvertidas en el seno de la comunidad o en el territorio, que pueden estar atravesadas por posiciones políticas divergentes: la conservación de un espacio verde en el barrio, una intervención urbanística, la instalación de una determinada industria en la zona, la defensa del patrimonio local, la vulneración de uno u otro derecho, etc. Los ejemplos pueden ser incontables. Por otro lado, las controversias pueden ser más generales y estar referidas directa o indirectamente a principios morales o políticos: el feminismo, la identidad —sexual, cultural o de otro tipo—, el racismo, la xenofobia u otras discriminaciones, la justicia social, el ecologismo, el pacifismo, la crítica al capitalismo... Todas estas cuestiones pueden aparecer durante el desarrollo de un proceso de creación colectiva, ya sea de forma intencionada y programada o bien espontánea.

En estos días es frecuente oír que la sociedad está *polarizada*. Este término nos parece inadecuado ya que sitúa en dos extremos equivalentes posiciones morales y políticas que no lo son. Por poner un ejemplo tan consabido como vigente e ilustrativo: no es cierto que el feminismo sea una posición equivalente al machismo solo que situada en el extremo contrario de las políticas de género. Mientras que el feminismo busca la igualdad de derechos y oportunidades entre mujeres y hombres, y la desaparición de las estructuras sociales, económicas y culturales que perpetúan la discriminación basada en el género, el machismo promueve actitudes, creencias y comportamientos que restan derechos a las mujeres. De ningún modo estas posiciones pueden considerarse dos polos simétricos de un mismo espectro. Y, sin embargo, la cantinela de "ni machismo ni feminismo" está a la orden del día. En realidad, este tipo de planteamientos constituyen una expresión reaccionaria, promovida por grupos sociales dominantes ante la amenaza que suponen para sus intereses los avances y conquistas de diversos movimientos sociales. La educación, el arte y la cultura son escenarios de la así llamada, precisamente, *guerra cultural*. Las escuelas se han visto afectadas por este tipo de ataques —la inmersión lingüística, la educación sexual o la memoria histórica han sido a menudo su objeto—. Contar con una red comunitaria fuerte puede servir para contrarrestar esta reacción y afrontar colectivamente sus ataques.

También podríamos dividir estos conflictos en dos únicas categorías. Una integrada por los conflictos al interior del propio centro educativo, relacionados con el propio funcionamiento del centro y los hábitos de las personas que desarrollan su actividad en él, y otra categoría integrada por los conflictos que resultan de la interacción entre el centro y su entorno social más o menos próximo.

El conflicto y los malestares pueden ser un indicador de que se están produciendo cambios. Afrontar el conflicto como una oportunidad de aprendizaje y transformación requiere una energía de la que no siempre disponemos o que no compartimos con otras personas. La confianza y la flexibilidad, permitir que cada persona o colectivo aporte a los procesos desde su conocimiento y experiencia, repartir las cargas de trabajo y las responsabilidades a cada cual según sus posibilidades, pueden ser maneras de afrontar constructivamente el conflicto.

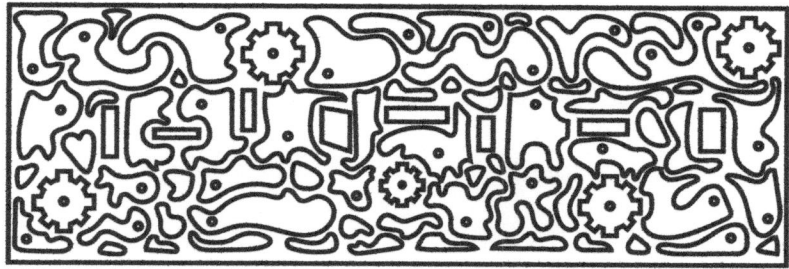

◊ ¿Cómo se toman las decisiones y quién puede decidir sobre la distribución de los recursos necesarios para producir cultura, sobre el tipo de manifestaciones culturales que se producen o sobre los usos que se hacen de las manifestaciones culturales?

◊ ¿Cómo, desde la escuela, impulsar o colaborar en procesos instituyentes y de organización en una escala comunitaria para la gestión de los recursos necesarios para producir cultura, y para la gestión de las propias prácticas y manifestaciones culturales entendidas a su vez como recursos comunes?

◊ ¿Qué puntos de referencia más o menos permanentes pueden ayudarnos a situarnos en la realidad y relacionarnos con ella? Y, por otro lado, ¿qué variaciones e innovaciones en nuestra manera de sentir, comprender y actuar nos permiten adaptarnos y relacionarnos con la multiplicidad y las diferencias que encontramos en el mundo?

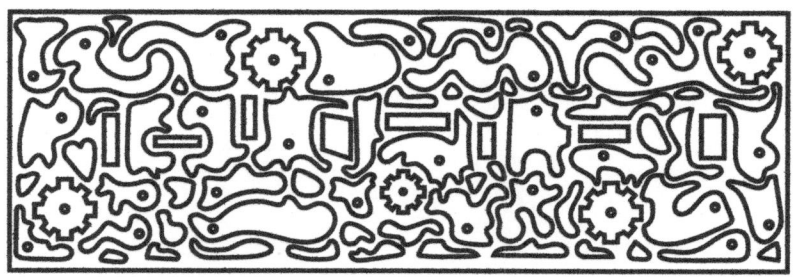

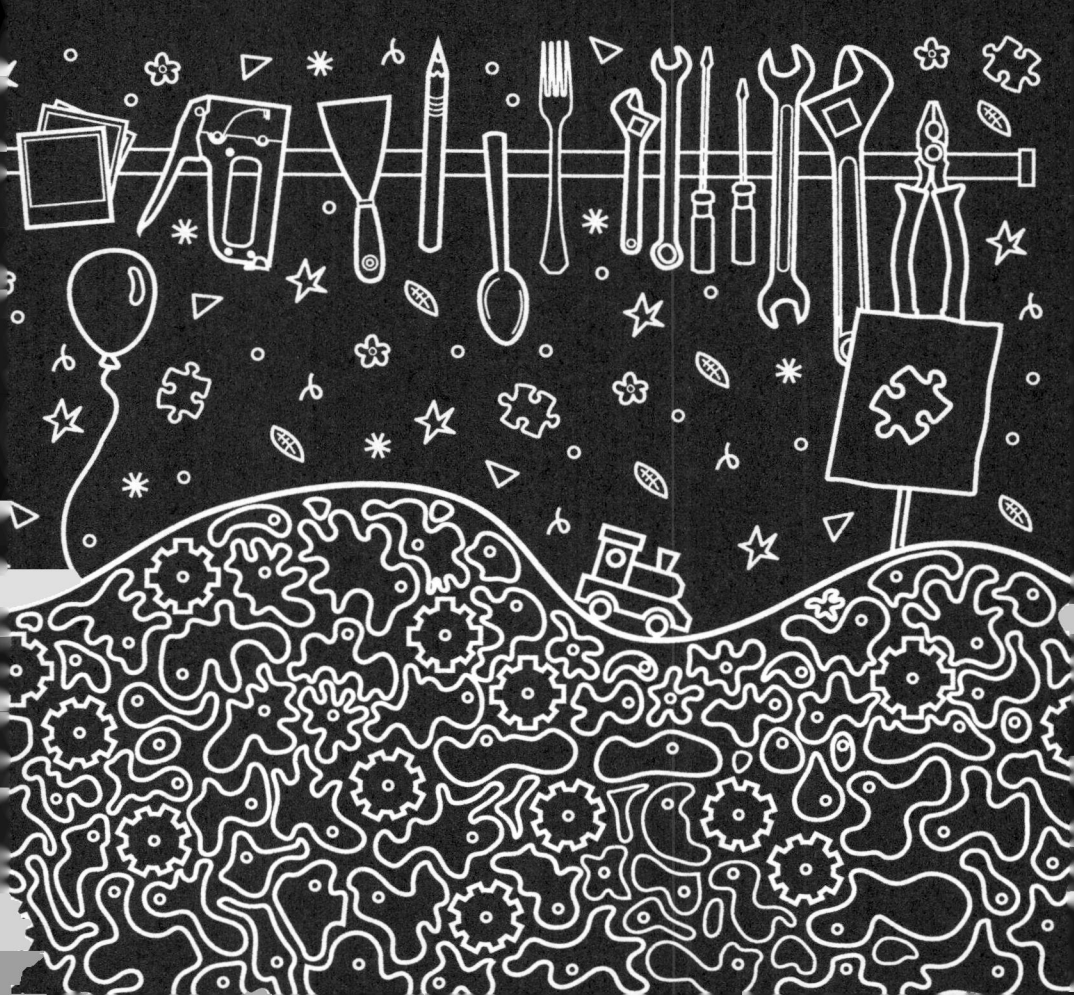

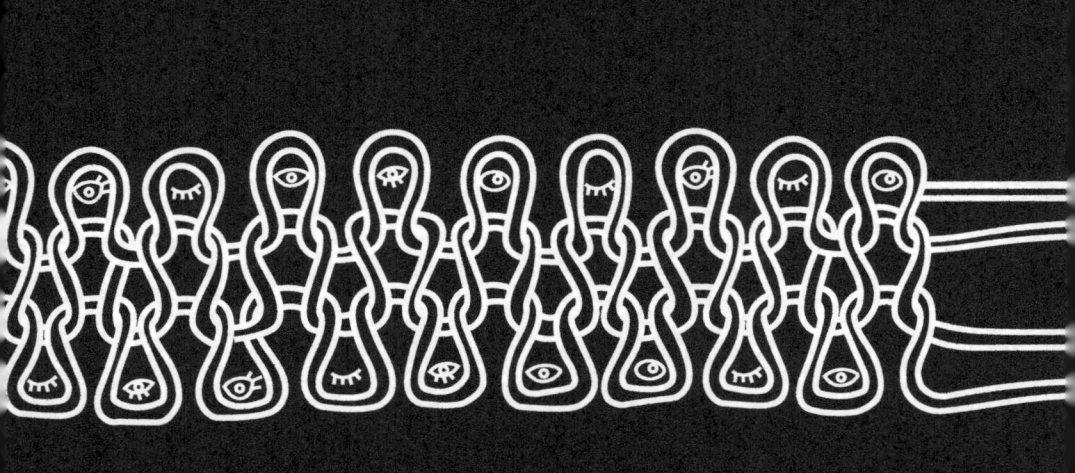

EPÍLOGO

Decíamos al principio de este libro que nuestro propósito era proporcionar algunos elementos de referencia que permitieran a quien lo lea ubicarse desde la escuela en el ámbito de las prácticas artísticas situadas y desarrolladas en colaboración con comunidades. Algo más parecido a un mapa que a una guía o un recetario. Este propósito se fundamenta en la convicción de que las prácticas artísticas y culturales *con* las comunidades y *en* los territorios deben responder y estar intrínsecamente relacionadas con sus circunstancias, necesidades, deseos y particularidades —sin dejar por ello de estar conectadas con cuestiones globales—.

Otro de nuestros propósitos era el de no colocarnos en la posición de los expertos que, desde su atalaya, pretenden tener una visión general y objetiva de la realidad. Más bien al contrario, escribimos este libro a ras de suelo e inmersas en el flujo continuo de la actividad cotidiana. Esto nos lleva a preguntarnos si tal vez ayudaría a la comprensión de los libros que estos incluyeran un apéndice en el que se explicaran las circunstancias en que fueron escritos, aquello que aconteció a sus autoras durante el tiempo de su escritura. Al menos, este apéndice podría servir para matizar la lectura de los textos e incluso arrojar nuevas interpretaciones sobre ellos. Podría ser que nuestras circunstancias hayan influido en que el mapa resultante no sea de muy fácil comprensión al carecer de puntos de referencia definidos y claramente localizados. Por otro lado, hemos de confesar que nos interesan más las relaciones, los procesos, las motivaciones, las direcciones y los actos de enunciación —cosas que en sí mismas tienen que ver con el movimiento— que los objetos delimitados, las posiciones fijas o los nombres. Dicho de otro modo, nos parece necesario reconocer las dinámicas que marcan un campo social —sea el del arte, la educación o cualquier otro— al menos tanto como sus partes constituyentes. Esto tal vez haga difícil dibujar un mapa que sea verdaderamente accesible...

Con todo esto, nos gustaría que este libro sirviera para encontrar flujos y corrientes en los que poder sumergirse de manera que cada cual pueda trazar el recorrido que mejor se amolde a su situación e intereses. Así pues, hemos intentado no solo describir qué prácticas artísticas pueden realizarse con las comunidades desde la escuela, sino también por qué y para qué. Teniendo más o menos claras las respuestas a estas preguntas nos parece mucho más fácil imaginar prácticas y procesos creativos y educativos que sean significativos y que estén abiertos a la participación real de las colectividades.

Para denotar las motivaciones y dinámicas de los procesos colectivos de creación artística y cultural —que muchas veces permanecen soterradas e invisibles— nos hemos servido en gran medida de la descripción pormenorizada de procesos que nosotras mismas hemos impulsado o en los que hemos estado involucradas. Por eso mismo, insistimos, los procesos descritos se ofrecen como un caso de análisis que ayude a observar y comprender mejor esas dinámicas no tan evidentes. Estamos convencidas de que hacer esto no hubiera sido posible sin el conocimiento que nos ha proporcionado la experiencia en primera persona de los procesos descritos. Este es el motivo por el que decidimos utilizarlos, no porque sean modélicos en comparación con otros.

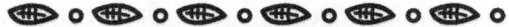

Decíamos que nos interesan más los actos de habla —los usos del lenguaje en un contexto determinado— que las palabras. No obstante, es imposible renunciar a poner nombre a las cosas, ya que es imprescindible para pensar y comprender el mundo que nos rodea. Aun así, nos parece conveniente tomar consciencia de que el acto de nombrar es siempre un acto violento, ya que exige interrumpir el movimiento de las cosas para fijar su identidad, detener su devenir. Uno de los nombres que hemos rechazado utilizar en este texto, o expresado de otra manera, uno de los lugares desde el que no hemos querido hablar es el del "arte comunitario". Hemos insistido en que los procesos colectivos de creación artística que nos interesan son inseparables, y en buena medida indistinguibles, de la vida. No deberían ser, por tanto, una disciplina artística *museificable* o un contenido curricular, sino una manera de enredar la producción simbólica (la creación de imágenes, textos, representaciones, relatos, rituales, etc.) con todo aquello que acontece en un contexto dado.

Es importante destacar y tener en cuenta que este enredo requiere considerar, pensar y manejar toda una serie de cosas que están más allá (o más acá) de la creación artística, de las propias producciones artísticas o culturales, de su materialidad y del sentido que puedan llegar a tener. Nos referimos principalmente a cómo organizamos colectivamente la producción de imágenes, textos, representaciones, relatos, rituales, etc., de la cultura en general, de manera que esta sea democrática y que el sentido de estas producciones artísticas y culturales sea un bien común, del que tenga cuidado una comunidad. En el caso que nos ocupa hablamos, claro está, de una comunidad que incluye a la escuela, como institución, así como a las personas que habitan los territorios en los que se encuentra y, de manera destacada, al propio alumnado.

Todo este tipo de cuestiones parecen estar muy lejos de la creatividad, de la poesía y del arte y, sin embargo, es fundamental tenerlas en consideración porque no hay alternativa: como hemos dicho anteriormente, ninguna manifestación cultural, sea una gran obra pictórica, una fiesta popular o un libro de texto, se da en el vacío y de manera espontánea. Para llegar a existir, todas estas manifestaciones requieren de un armazón institucional, de métodos y técnicas de gestión y de la organización de muchas personas, entre otras cosas. El impulso y desarrollo de procesos colectivos de creación artística y cultural con la participación de la escuela requiere que nos hagamos preguntas sobre qué tipo de institucionalidad queremos que rija la vida colectiva, cómo queremos gestionar los recursos, quién puede tomar decisiones sobre aquello que se hace, etc. Estas preguntas son eminentemente políticas y pueden parecer aburridas o muy alejadas de la pedagogía y del arte. Sin embargo, nos parecen incompletos y vanos cualquier análisis o propuesta en torno a las prácticas —artísticas, culturales o educativas— que no tenga en consideración los ele-

mentos estructurales de la sociedad con los que están inseparablemente imbricadas. El quid de la cuestión es que *toda* práctica
estética trae consigo una práctica política, de manera que estética
y política son indisociables. Seamos o no conscientes, nos cause
o no rechazo, ambas facetas están inseparablemente unidas a la
labor diaria, cotidiana y ordinaria de todas las personas que nos
dedicamos a la educación, ya sea en el ámbito formal o informal.

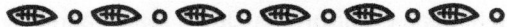

Desearíamos que este libro sea útil a quien lo lea, en el sentido
más pragmático del término, como una herramienta que puede
servir para hacer algo. Nos encantaría que fuera útil a algunas
personas para impulsar procesos de trabajo interesantes, motiva-
dores y transformadores allí donde actúen, como docentes, miembros de la comunidad educativa o simplemente como vecinas de
una escuela.

Somos conscientes de que nada de lo escrito es una revelación, que
todo texto se encabalga con todo lo dicho y escrito anteriormente
y, a lo sumo, cada nuevo texto puede añadir pequeñas variaciones
de lo mismo aquí y allá. Así se construye el pensamiento, no es
resultado de las capacidades superiores de un individuo genial
capaz de revelar verdades ocultas. Es por ello que nos encantaría que este libro sirviera para mantener abierta la conversación
sobre lo que en él se dice. Una conversación colectiva que nos
permita a todas profundizar en el debate sobre el arte, la cultura,
la educación y su relación con la sociedad de la que son parte
constituyente. En definitiva, deseamos que lo que hemos explicado en este libro continúe vivo más allá de sus páginas.

SOBRE LXS AUTORXS

LaFundició es una cooperativa que impulsa procesos colectivos para instituir prácticas materiales y simbólicas situadas, y producir formas de relación y saberes como recursos de uso común.

A través de esos procesos situados nos interrogamos sobre el papel del arte y la cultura, en tanto que esferas de construcción colectiva de sentido y subjetividad, en la trama de la vida. Es decir, la manera en que las narrativas, símbolos e imágenes que producimos y ponemos en circulación afectan y condicionan el modo en que reproducimos socialmente la vida y satisfacemos nuestras necesidades materiales. Desde ese cuestionamiento ensayamos prácticas culturales y comunales para imaginar mundos que tomen en consideración las relaciones de interdependencia entre las personas, y entre éstas y los socioecosistemas de los que forman parte.

Fundada en 2006, LaFundició enraíza sus prácticas en la ciudad de 'L'Hospitalet, especialmente a partir de 2013 cuando abre un espacio físico en el barrio de Bellvitge. Desde allí comenzamos a habitar el territorio y a sumarnos a sus entramados comunitarios para construir conjuntamente redes de soporte mutuo para el sostenimiento y cuidado de la vida.

La ciudad de L'Hospitalet es un territorio paradigmático de las periferias urbanas, tanto por su configuración urbanística, su historia y su composición socioeconómica y cultural, como por su relación con la metrópolis de Barcelona. No obstante, su situación entre el delta del río Llobregat y la sierra de Collserola constituye un rasgo singular. Desde este lugar nos preguntamos cuáles son sus potencias para desarrollar, entreveradas, prácticas simbólicas y materiales para una transición ecosocial y feminista.

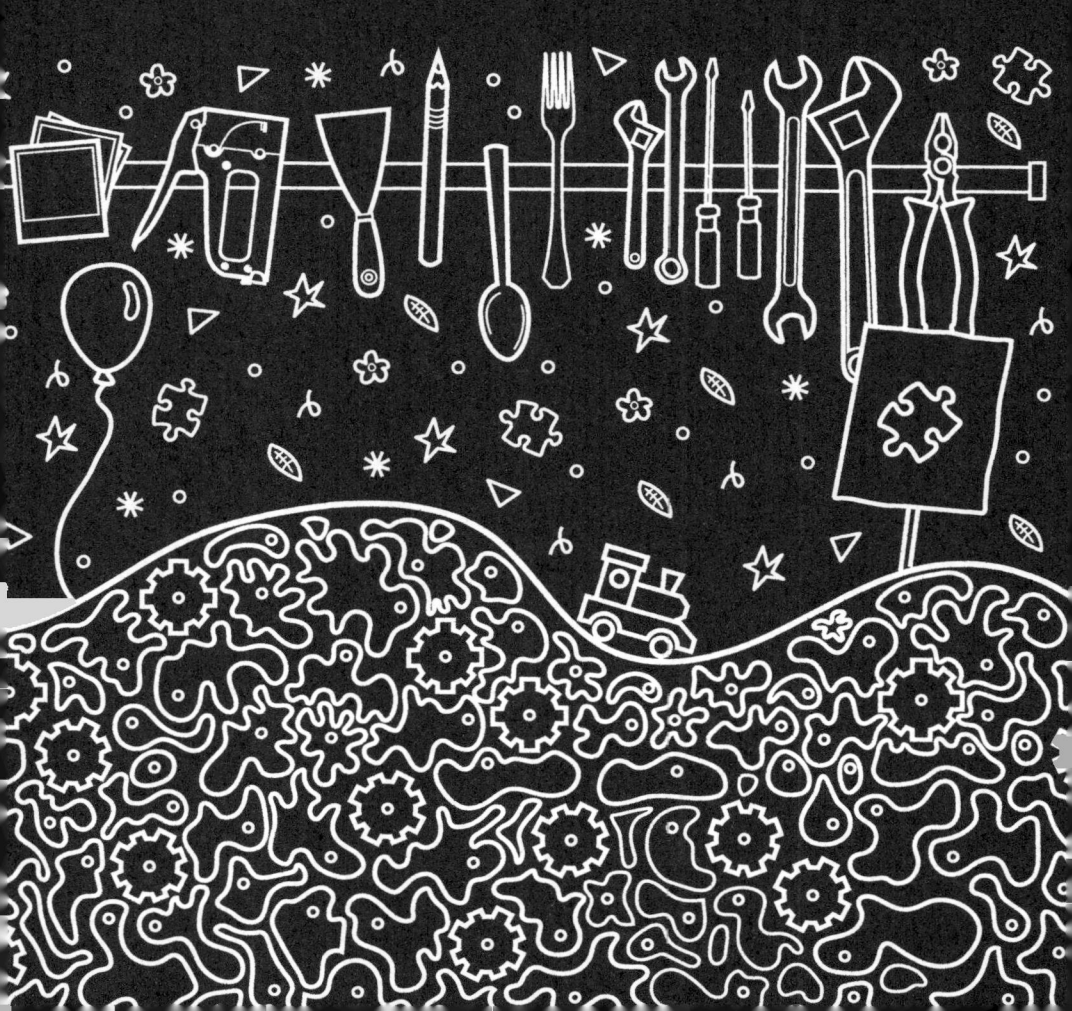

BIBLIOGRAFÍA

REFERENCIAS BIBLIOGRÁFICAS CITADAS EN EL TEXTO

Ávarez Uria F. y Varela J. (1991). *Arqueologia de la escuela*. Ediciones de la piqueta. Madrid

Cevallos, A. (2018). "Educar desde un mercado popular en Quito: El rol de las imágenes en la mediación". En Aberasturi-Apraiz, E.; Arriaga, A.; Marcellán-Baraze, I. (coord.). *Arte, ilustración y cultura visual. Diálogos en torno a la mediación educativa crítica dentro y fuera de la escuela*. Euskal Herriko Unibertsitatea. Consultable en: https://addi.ehu.es/handle/10810/26852.

Comins Mingol, I (2003). "Del miedo a la diversidad a la ética del cuidado: Una perspectiva de género". En *Convergencia. Revista de Ciencias Sociales*, núm. 33, México.

Galarza, V. (2016). "¿Hacer juntas? Des/aprendizajes y desafíos". En Renata Cervetto y Miguel Á. López (ed.). *Agítese antes de usar. Desplazamientos educativos, sociales y artísticos en América Latina*. Buenos Aires. MALBA y TEOR/éTica ediciones.

Federación Kamira - Federación de Asociaciones de Mujeres Gitanas & Fundación Mario Maya (2012). *Segregación escolar del alumnado gitano en España*. Coordinación de la investigación: Carmen Santiago. Informe escrito por Carmen Santiago y Ostalinda Maya.
https://discrikamira.eu/wp-content/uploads/2019/03/Informe-de-Segregaci%C3%B3n.pdf

Tychsen, Anders; Hitchens, Michael; Brolund, Thea; Kavakli, Manolya (2006). "Live Action Role-Playing Games: Control, Communication, Storytelling, and MMORPG Similarities". *Games and Culture. 1 (3)*.

Valera, Paula (2019). *El nacimiento de la mujer burguesa*. Ediciones Morata, Madrid

Willis, P. (2017). *Aprendiendo a trabajar. Cómo los chicos de clase obrera consiguen trabajos de clase obrera.* Akal. Madrid.

BIBLIOGRAFÍA BÁSICA DE CONSULTA

Barrilete cósmico. "Pura suerte, pedagogía mutante. Territorio, encuentro y tiempo desquiciado". Tinta Limón, Buenos Aires. (https://lobosuelto.com/wp-content/uploads/2021/12/PedagogíaMutante-1.pdf).

Col·lectiu Caps de Setmana. "Escuelas en lucha". Ediciones Paideia, Barcelona, Madrid, 1978.

Freire, Paulo. "Pedagogía del oprimido". Siglo XXI Editores, 2023.

Galarza, Valeria. "Educación crítica". Another Roadmap for Education, Quito. (https://another-roadmap.net/articles/0002/8274/educaci-n-cr-tica-quito-cast.pdf)

Giroux, Henry A. "Placeres Inquietantes. Aprendiendo la cultura popular". Paidós Educador, Barcelona-Buenos Aires, 1996.

Grigri projects. "Un botiquín para mi ciudad", Madrid, 2023. (https://grigriprojects.org/acciones/un-botiquin-para-mi-ciudad-ods/)

Hansen, Søren y Jensen, Jesper. "El libro rojo del cole". Editorial Nuestra Cultura, Madrid, 2018.

hooks, bell. "Enseñar a transgredir. La educación como práctica de la libertad". Capitán Swing, Madrid, 2021.

Idensitat, LaFundició, Sinapsis, Transductores (2017). *Cohabitar entre_ emergències institucionals/pràctiques artístiques/processos col·lectius.* Ajuntament de Barcelona.

Kester, Grant H. "Beyond the Sovereign Self: Aesthetic Autonomy from the Avant-Garde to Socially Engaged Art". Duke University Press, 2023.

Col·lectiu Massa Salvatge. "Explora el teu barri", Ajuntament de València. (http://exploraelteubarri.org/fanzine-final)

Moreno-Caballud, Luis. "Culturas de cualquiera". Acuarela Libros, Madrid, 2017.

Mouffe, Chantal. "Por una política de identidad democrática. Prácticas artísticas y democracia agonística". Museu d'Art Contemporani de Barcelona y Universitat Autònoma de Barcelona, Barcelona, 2007.

Sánchez de Serdio, Aida. "Arte y educación: diálogos y antagonismos". Revista Iberoamericana de Educación, Núm. 52, enero-abril, 2010, pp. 43-60. Organización de Estados Iberoamericanos para la Educación, la Ciencia y la Cultura España, 2010.

Thompson, Nato. "Living as Form: Socially Engaged Art from 1991-2011". MIT Press, Nueva York, 2012.

VV.AA. (Campos, Jose y De Pascual, Andrea ed.). "Lo que puede una institución cultural". PLANEA Red de arte y escuela Ed., Sevilla, 2024. (https://archive.org/details/lo-que-puede-una-institucion/page/n5/mode/2up)

VV.AA. "Radical Education Work-Book". (http://undercommoning.org/wp-content/uploads/2015/06/ref-workbook.pdf)

Ward, Colin y Fyson, Anthony. "Streework. the exploding school". Routledge & Kegan Paul Books, Londres, 1973.

CRÉDITOS

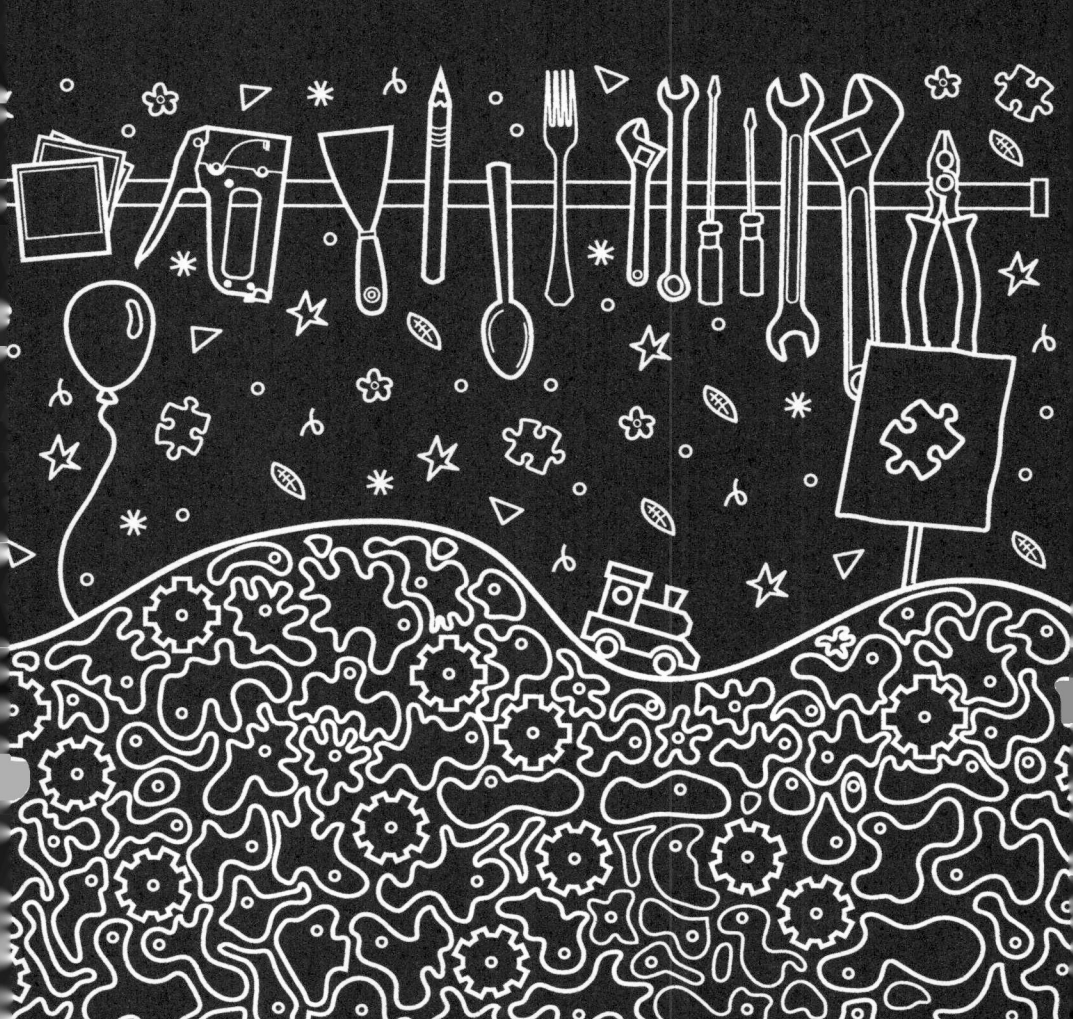

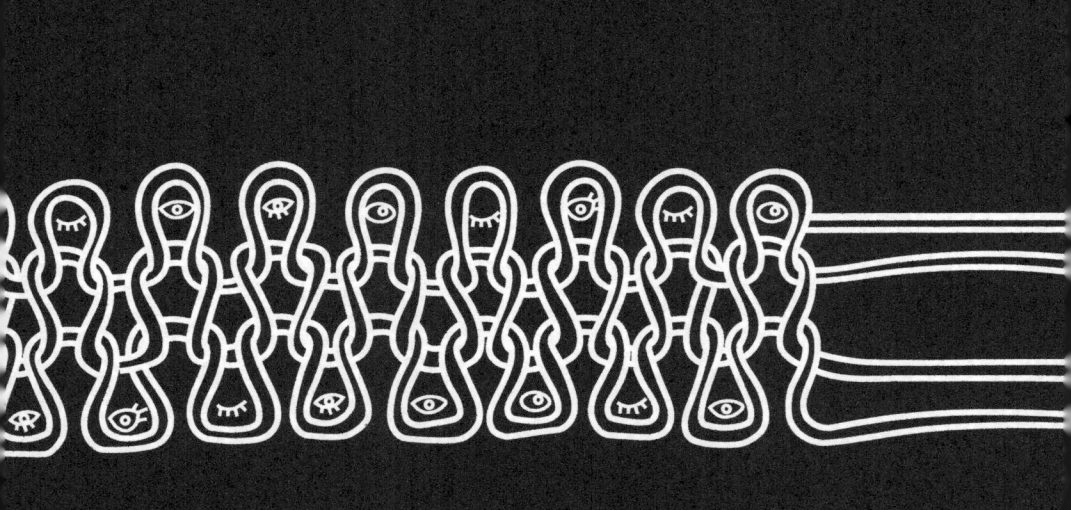

CRÉDITOS IMÁGENES

Figs. 1 a 22 y 27 a 51. LaFundició, 2001-2024.

Figs. 23 y 25. Alejandro Cevallos, 2017.

Fig. 24. Lenin Santacruz, 2016.

Fig. 25. Archivo Mediación Comunitaria, 2015.

CONSEJO GENERAL DEL CONSORCI DE MUSEUS DE LA COMUNITAT VALENCIANA

President d'honor
Carlos Arturo Mazón Guixot
Presidente de la Generalitat

Presidente
José Antonio Rovira Jover
Conseller de Educación, Cultura, Universidades y Empleo

Vicepresidentes
Luis José Barcala Sierra
Alcalde de Alicante

Begoña Carrasco García
Alcaldesa de Castelló de la Plana

Maria José Catalá Verdet
Alcaldesa de València

Vocales
Pilar Tébar Martínez
Secretaría Autonómica de Cultura

Antonio Pérez Pérez
Presidente de la Diputación Provincial de Alicante

Marta Barrachina Mateu
Presidenta de la Diputación Provincial de Castellón

Vicente José Mompó Aledo
Presidente de la Diputación Provincial de Valencia

José María Lozano Velasco
Presidente del Consell Valencià de Cultura

Secretaria
Alida Consuelo Mas Taberner
Subsecretaria de la Conselleria de Educación, Cultura, Universidades y Empleo

Dirección - Gerencia
Nicolás S. Bugeda i Cabrera

CONSORCI DE MUSEUS DE LA COMUNITAT VALENCIANA

Nicolás S. Bugeda i Cabrera
Dirección - Gerencia

Ignacio Úbeda Amago
Jefe de Unidad de Coordinación de Régimen Jurídico

Miguel Ángel Romero García
Jefe de Unidad de Coordinación de Gestión Económica y Presupuestaria

Claudia Hernández Pérez
Jefa de Soporte de Coordinación de Contratación y Asuntos Generales

Coordinación de exposiciones
Eva Doménech López
Lucía González Menéndez
Isabel Pérez Ortiz
Vicente Samper Embiz

Programas públicos
Aïda Antonino Queralt

Medios y redes
Carmen Valero Escribá

Educación y mediación
José Campos Alemany

Secretario de Dirección-Gerencia
Antonio Martínez Palop

Administración
Rosario Campos Saborido
Rocío Gómez Prats
Germà Sánchez Eslava
Ana Viña Sanchis

Personal Programa EPRIEX
Claudia Agulleiro Anguita
Jordi Antón Pozo
Aitana Collado Soler
Luis José Muñoz
Lucas Pérez Estival
Ferrán Selma Raga

PLANEA COMUNITAT VALENCIANA

Coordinación del Nodo Territorial. Permea
Clara Boj Tovar (Universitat Politècnica de València)
José Campos Alemany
Elena Sanmartín Hernández

PUBLICACIÓN

Dirección de la colección
Clara Boj Tovar (Universitat Politècnica de València)
José Campos Alemany

Textos
LaFundició

Diseño y maquetación
Raquel G. Ibáñez

Coordinación de la edición
Nodo Planea Comunitat Valenciana

Traducción al valenciano
I més. Serveis Lingüístics i Editorials

Fotografías
De lxs artistas

Impresión y encuadernación
Fragma

PLANEA es una red de centros educativos, agentes e instituciones culturales impulsada por la Fundación Daniel y Nina Carasso, en colaboración con Pedagogías invisibles, PERMEA-Consorci de Museus de la Comunitat Valenciana, Universitat Politècnica de València y ZEMOS98.

1ª edición
ISBN: 978-84-482-7008-7
DL-V-3868-2024

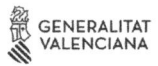 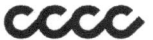 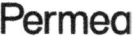 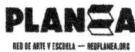 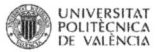

Esta publicación se terminó de imprimir en Madrid
durante el mes de mayo de 2025.

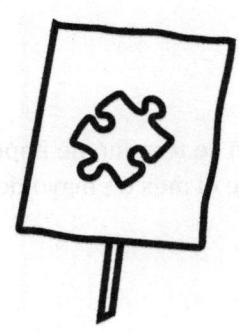